わたしが
神さまから聞いた
お金の話をしても
いいですか？

Yuka Iuchi
井内由佳

Truth of the Money

May I talk
about the money
which I heard
from God?

SOGO HOREI PUBLISHING CO., LTD

お金って、
とっても素敵でありがたいもの……。
だから、たくさんあるといいなって、
わたしはそう思っています。

あなたも、そう思いませんか？
今よりもっと、お金があるといいなって。

だって、お金がたくさんあれば、
がんばった自分に、ごほうびをあげたり、

大切な人たちが喜んでくれる、
プレゼントも用意できるのですから。

だけど、お金がもっと欲しい……
なんて言うのは、
欲深いような、
お行儀が悪いような、
そんな気持ちもしていませんか？

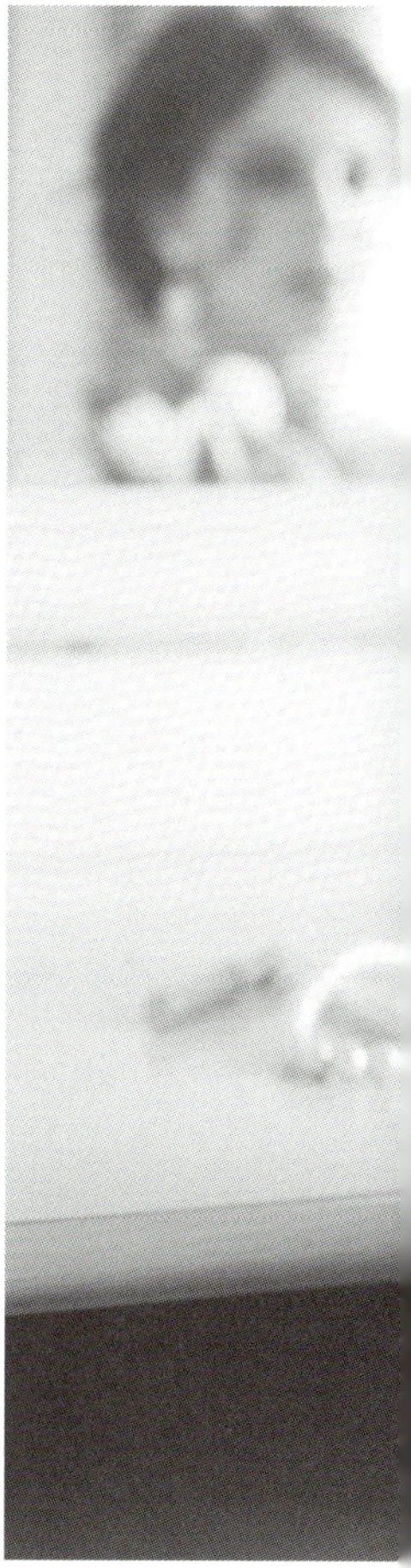

でも、そんなことはないのです。

お金が欲しいと思うことは、
しあわせになりたいという気持ちの延長上にある、
どんな人にも、
ごく自然に湧き出る想いなのです。

お金は、あなたや
あなたの愛する大切な人たちを
しあわせにする道具の一つなのです。

あなたの、
たった一度きりの人生のために、
あなたの、
かけがえのない人のために、

本当のしあわせを感じながら、
愛されて豊かになる方法を、
この本に心を込めて書きました。

愛する人に愛されたい、
豊かになりたい、
そして、夢をかなえたい……。
そんな想いを胸に、
日々をがんばっている、
あなたに贈ります。

プロローグ

この本を手に取り、このページを開いてくださったあなた、ありがとうございます。

お金は、生きていくうえでかけがえのない、大切なもの。

人の心や体を自由にしてくれるとてもありがたいものです。

ですから、お金といい関係を保ちつつ、一生仲良くしたいですよね。

お金といい関係を築けたなら、いつもお金はあなたのそばに居てくれます。その安心感や、幸福感は、言葉ではいい表せないほどありがたいものです。

しかし、**「お金といい関係を築く」つまり「お金をたくさん得る」ための近道だ**

と、世間でいわれている常識や習慣は、実は、あなたを貧しくさせていることも少なくありません。

夢をかなえるために一生懸命に勉強しても、倹約して貯金に励んでも、お金の真理に反することをしていれば、努力がすべて無駄になってしまうこともあるのです。

あなたの努力がいい結果を生むためには、神さまが教えてくださる**「人が豊かになる、幸せになるための真理と正しい習慣」を知って、身につけることが必要です。**

そうすれば、あなたは確実に豊かになることができます。

「お金持ちになりたい」そう思うのは、お金がありがたく、欲しいものを得るのに役立つとわかっているからですよね。

それは、有意義な人生を送りたいと思えば、自然に湧き上がる気持ちです。大切な誰かの役に立ちたい、喜ばせたいと思う人なら、なおさら多くのお金を求めます。お金があれば、そのための選択肢をぐんと増やすことができるからです。

お金は、人の心や体を自由にしてくれるものなのです。

たくさんのお金を一時的ではなく、長く持ち続けられる人は、お金を自分のために使いません。大切な家族や仲間にも十分に使います。

お金がないために何かをあきらめたり、我慢したり、不便な想いをしている周りの大切な人を助けてあげている人が多いのです。

わたしは、24年前に神さまからお告げが降りました。

そして、21年前から人の悩みの相談に乗るようになりました。相談に乗った方は、延べ1万人を超えています。

その中で、世の中にはただ努力するだけではどうにもならない、「この世の真理・仕組み」があることを、神さまにまざまざと見せつけられました。

わたしのところへお金に関する相談に来られ、どんどん豊かになっていった方は、もちろんみなさん努力家ですが、それだけでなく、**「神さまが作ったお金の**

真理」を理解して、実行してくださった方ばかりです。

一方、占い師に聞くように願望達成の方法論、「このアイデアはヒットするか」「大口契約に繋がるのはどの会社か」などを聞くだけの方は、残念ながら、一旦は、たくさんのお金を得る時期があっても、長くは続きませんでした。

それは、お金の真理を覚えようとせず、お金を得ることばかり、倹約することばかりを考えていたからです。

人の相談に乗りながら、実は、私自身が一番、神さまが作ったこの世の真理を勉強し、覚えていったのかもしれません。

結婚し、主人の自動車販売業の手伝いをしながら、神さまが作った真理を実行するうちに、気が付けば学生の頃からの夢だった、本の執筆をさせていただけるようになりました。

わたしはまだまだ発展途上です。でも、つい数年前と比べると、驚くほど幸せになり、ゆとりある暮らしができるようになっています。

世の中は、「したことがされる」というルールで、成り立っています。

でも、意外と、自分がされたくないことを、他人にしている人が多いのです。

なぜなら、つい損得の計算をしてしまうからです。お金は出さない方が、お財布に多く残る……。これは小学生でもわかる算数ですよね。

ところが、出さないばかりに、思わぬお金が出ていったり、入るはずのお金が入らなかったりします。それは、他人にしたことが、あなたにかえってきているのです。

本来、あなたの手元へ入ってくるお金に、限度はありません。しかし、神さまが作ったお金の真理を知らないがために、自分で入ってくるお金を減らしているのです。

でも、この本を読み進めていただくうちに、**右肩上がりにお金を得るには、お金とどう付き合えばいいのかがわかる**ようになります。そして、**お金と上手に付き合うことが、人間関係の改善にも繋がるのです。**

本書でご紹介する「お金の真理」を実践すると、早い人は3週間くらいで変化が現れると思います。そして、少なくとも半年後のあなたの心と体は、今よりずっとずっと自由度が高くなり、大切な人に愛されて、豊かな人生を送りはじめているはずです。

本書は、1〜3章でお金に関する世の中の常識や習慣が、正しいのか間違っているのかを解説しています。4章、5章で愛されてお金持ちになるための真理を解説しています。6章では、あなたが生きていく中で、その年齢ごとに必要になる生き方の軸を解説しました。そして、本書を手にしたあなたのステージが、次々に上がっていくことを願って、「永く続くしあわせ」を意味する紫をテーマカラーとしています。

わくわくしながら、そして、あなたの人生が彩り多く、豊かなものになることを信じながら、この本のページをめくってください。

きっと、あなたが信じた〝キラッキラの人生〟になるはずです。

もくじ

第2章 お金に関する習慣のウソ・ホント

第3章 お金に関する考え方のウソ・ホント

第4章 しあわせなお金持ちになるために

第5章 お金に影響を与える人間関係の真理

第6章 より豊かになっていくために、今やるべきこと

第I章
お金の使い方のウソ・ホント

Truth of the Money

I

倹約して、質素な暮らしをすることが美しい？

ウソ

「倹約して、質素な生活をすることが悪いこと」だとは、もちろん、神さまはおっしゃいません。かといって、**倹約して質素な暮らしをした方がいい（more better）ということはない**のだそうです。

借金があって、人にお金をかえさなければならない人は、倹約すべき（must）だと神さまはおっしゃいますが、**収入が乏しくなく、生活が苦しくないのであれば、貯金をするための倹約は、ほどほどがいい**のだそうです。

貯金をしたいという理由で、生活を豊かにしてくれる、電気、ガス、水道などの倹約に躍起になってしまうと、生活の質が落ちてしまいます。

すると、外へ出歩くときに美しく装っても、**醸し出す雰囲気がくすんでしまい、豊かな心や表情が保てなくなってしまう**のです。

だんだん、お金を使うことが嫌になり、交際費や外食費などを惜しむようになります。**お金は貯まるかもしれませんが、心はやせ細ってしまいます。**

気を配ったほうがいいのは、光熱費を100円、200円倹約することより、まとめて購入すると安いという理由で必要以上に物を買って、結局はムダにしてしまったり、同じようなものを持っているのに、よく吟味せず、洋服を衝動買いしてしまうこと。

そうしたことに気をつけたほうがずっと無駄な出費は減るのです。

倹約すべきところは「無駄なもの」「たくさん持っているもの」です。

同じようなものを買う癖を直すことが何より効果的です。

倹約ばかりに意識を向けないことが、自分自身がしぼんでいかないための心掛けになります。それよりも、**自分にいま与えられた仕事で、精一杯の努力をし、知恵を絞り続けることによって、収入のアップを図る**こと。

豊かで少しくらいの贅沢を味わえる生活のほうが、自分の心も喜びますし、家族も、周りの人も喜びますから、そのほうがずっといいのです。

貯金をするために、倹約し、質素を貫いても、**使うべきところ（お世話になった人への冠婚葬祭、盆暮れのあいさつはじめ、人への御礼など）で使わないと、「不**

意の出費」でお金が出ていくことになります。
がなくなると神さまは教えてくださいます。

倹約質素も過ぎると、もっとお金

Truth of the Money

本来お金は、人のために使うもの。
見当違いの倹約で、不意の出費が生まれます。

②

お金をかける優先順位がある？

↓

ホント

お金を使うときに、親や、お世話になった方に義理を欠くことのないように、気をつけることが一番大切です。

自分の洋服にお金は使うのに、とてもよくしてくれる上司への御礼は知らないふりをしたり、子どもの学費はやりくりするのに、親の介護や仕送りになると「気持ちはあるけど、お金はない」などで片づけてしまう……。

これでは、お金が行きたいところへ行かせてあげないことになるので、お金は仲間を誘って出ていってしまうのです。

金融機関からではなく、親や友人など、個人から借金をしている人は、お金を使う優先順位を知っていないと、借金を返せないばかりでなく、更に借金を重ねることになりがちです。

何をさておいても、どんな少額でも余裕のあるお金は、借金の返済に回すことが大切です。少し余裕ができたからといって外食をしたり、必要のない洋服を買ったりしてはいけないと、神さまはおっしゃいます。

広告代理店で営業をしているKさんのお話です。彼女には悩みがありました。それは、どんなにスケジューリングを工夫しても、さまざまな事情で予定がくるってしまうことです。

仕事では、毎日遅くまで残業が続いていました。残業が続く理由は、Kさんのサポートをしている営業アシスタントが必ず納期に遅れることでした。いくら余裕のある日程で依頼しても、改善されません。

プライベートでは、友達と食事に行く約束にしても、習いごとにしても、結局は何かのアクシデントが起こり、遅れてしまったり、キャンセルしなければならなくなったりするのです。

何をやっても思い通りにいかず、イライラする毎日でした。

神さまはその理由をこうおっしゃいました。

「**あなたが、お金の優先すべき順序を間違っているから、あなたの時間も思うように進まないのですよ。時間とお金は同じ括《くく》りなのです。**使うべきお金や時間を、使うべきところに使っていないからです。同居しているご実家に生活費を入れていないのではありませんか？」

Kさんはビックリしていました。

「確かに、生活費を渡していません。一人暮らしをして、家賃や光熱費を払っていたら、かかるお金は数万円どころではありませんね。生活費をいくらか家に入れるのは、考えてみれば当然ですね。そのことに気づかずにいたから、神さまが気づかせようとしたのですね」

お金にも時間にも、使うべき優先順位があるのです。

お金は「お陰《かげ》」のところへ行きたいものなのです。**お陰のところにお金を行かせず、自分のことばかりに使っていると、結局は自分の大事なお金や時間を奪われることになるのです。**

それから、Kさんは毎月実家にお金を入れるようになりました。しばらくすると、問題の営業アシスタントは異動になり、代わりにとても仕事のできる人が異動して来たそうです。お陰でKさんの成績は上昇して収入が上がり、友達との食事や、習いごとも予定通りにこなせる充実した日々を送っています。

Truth of the Money

お金が行きたいところに行かせてあげると、仲間を連れて帰ってきます。

3 異性の前では多少見栄を張って、お金を使ったほうがいい？

↓

ホント

ステキなレストランに彼女を連れて行ったり、お誕生日やクリスマスに彼女が欲しかったものをプレゼントしたりする男性の多くは「自分の大切な人を喜ばせるのが好き」な人です。そしてそのために多少無理をします。

今は、少し無理をしていたとしても、**自分で出そうという気持ちの強い人は、やがて本当に、楽に出せるようになってくる**から不思議です。

これを「見栄を張っている」といえばそれまでですが、自分に「負荷をかけている」というのが最も適切な表現かもしれません。でも、それはいいことなのです。

女性は、男性が多少無理をしてでも自分のためにお金を出してくれていると、ハートをくすぐられるものですよね。

ただ、「結婚前はいろいろとプレゼントをもらったけれど、結婚したら何にもくれなくなった」と嘆く女性もよくいます。でも、それは**女性自身が、結婚前と結婚後で、男性に対する態度が変わったから**だと神さまはおっしゃいます。結婚前と変わらず、恥じらいがあり、遠慮があり、少しの緊張感があれば、結婚前によくしてくれた男性は、結婚後もよくしてくれるのです。人の性格は、そんなに変わりませんから、そういう男性は「この人」と思う人にはよくするものです。

では、女性は男性に対して、どういった考えでいればいいのでしょうか。

神さまは、「デートのときは、男性が払うのが当然でしょ！　なんて思っているようでは、可愛げもないし、男性からもお金からも敬遠されて、結局はお金に縁のないような男性と結婚することになりやすい」と、おっしゃいます。

女性も、なるべく男性に負担がかからないような配慮をしましょう。割り勘や、少し払うのではなく、「今日は、わたしに出させて」と彼の気持ちを傷つけず、さりげなくヘルプをするとよいのです。そうすれば、男性には可愛く思ってもらえ、金運もついてきます。男性も女性も、お互いに相手を気遣い、もてなそうとする気持ちがとっても大切なのだそうです。そのためには、少し無理をしたっていいのだそうです。

一方、デートのときに、割り勘にしたがる男性は、大成する見込みは少ないかもしれません。自分が好きになった女性と食事や映画に行くときに、割り勘にすることは、あまりカッコいいものではありません。その場で、計算して半分ずつ支払うのも、スマートではないですし、そういう人は、だいたい後輩と飲みに行っても割り勘にしがちです。

男性は子どものとき、スポーツができたらヒーローですが、大人になり、どんなにゴルフが上手くても、会社の営業成績がトップでも、レジで割り勘にしている人はヒーローにはなれません。つまり**社会で頭角を現せない**ということです。

お金の使い方は一事が万事です。せめて、男性だったら、女性をリードしていこうとする気持ちがほしいですね。

Truth of the Money

お金の使い方には、その人柄が出るのです。

④

払わなくてもいいお金も
できるだけ払うほうがいい？

↓

ホント

ここでいう、払わなくてもいいお金とは、より良いサービスを受けたときや、丹精込めたものごとに出会ったとき、迷惑をかけたときなどに、そっとお渡しする心付けのことであり、お世話になった方へのちょっとしたお祝いやお礼などのことです。

お金を余分に払う人は、後になって余分に入ってきます。

逆に、お金を出し惜しむ人は思いがけない出費はあっても、余分に入ってくることはありません。

もともと、**お金というのは、人を喜ばせるために使うと、自分の元にかえって来てくれるものです。**

払う義務のない、請求されていないお金というのは、だいたい受け取った人が感激したり、喜んだりするもの（もちろん恐縮されることもありますが、根底にはうれしい気持ちがあるもの）ですから、自分のところにかえってくるのです。

Truth of the Money

余分に払ったお金は、臨時収入でかえってきて、
出し惜しんだお金は不意の出費となって出ていきます。

5

たくさんの富を
持ちえる器がなければ、
多くのお金を
手にすることはできない？

ホントでもあり
ウソでもある

いろんな知恵や情報を加工して、多くのお金を稼いだり、親から遺産を相続することは、その人の器（人柄）に関係なく起こる出来事です。ですから、その人の心の器に関係なく、お金を手にすることはできます。

ただ、**その状態がいい形で続いていくか、それとも、一時の出来事で終わるかは、心の器によって変わってくる**のです。「お金を持った状態をいい形で保つ」とは「使いながら残す」ということです。お金は使ってはじめて価値が出るものです。使わないで持っているだけ、貯めこむだけでは意味がないのです。

貯めこむ人は、どんな気持ちでそうするのでしょうか。

ここでいう貯めこむ人というのは、ただ貯金をしている人ではありません。貯金が趣味のような人のことをいいます。そういう人は、将来のことが不安であったり、子どもの頃、身近な大人から「贅沢は敵だ」と教え込まれたり、何かをしようと計画を立てていたりするのかもしれません。でも、ただ一ついえることは、**「人を喜ばせたい」という発想が少ない人**なのかもしれない、ということです。

神さまからの教えを実行する中で、わたしの収入が特に大きく増え始めたのは、大事なスタッフや仲間たちも一緒に、食事や旅へ出かけられるように、**自分のお金を気持ちよく出せるようになってから**です。

ご相談に来られる方も、この教えを信じて実行された方は、同じように多くのお金を手にされるようになっています。

ここで肝心なのは、**出せるお金を十分に手にしてから実行したという人は、なぜか一人もいないということです。無理してするから、お金が入ってくるようになるのです。**「使えるお金ができたらします」という考え方の人は、何故かいつまでたってもできないことになるのです。

おいしいものを大切な人と食べに行くのに、お金を惜しんでいるような人は、楽しくなさそうです。仲間と喜びを分かちあうよりも、自分の預金通帳の数字を見て喜んでいる人は、なかなか収入が上がることがないようです。

自分が上手くいっていることを、人にはあまりいわず、こっそり自分のことだけにお金を使っていると、そのうちまた苦しくなる……。この悪循環を繰りかえしている方を、たくさん見てきました。

ですから、「これから大きなお金を手にしたい！」「手にしたお金を維持したい！」と思うのならば、**お金を自分だけに使うのではなく、自分にとって大切な人、自分を助けてくれた人、自分を支えてくれた人の役に立つように使う**ことです。

それが、お金から好かれ、お金が寄ってくる大切な心がけなのです。

人を見下したり、自分だけ贅沢したり、仕事に打ち込まなかったりすると、今どんなにお金があったとしても、やがてなくなってしまいます。

Truth of the Money

お金は持っているだけでは、意義がありません。使ってはじめて意義を持つのです。

6 宝くじに高額当選すると、不幸になる？

ホント でもあり

ウソ でもある

人が手にするお金というのは、その人の実力に等しくなるようになっているのだそうです。

ですから、宝くじや相続、キャピタルゲイン（株や土地などの資産価格上昇によって得た利益）など、仕事以外で得る臨時収入の金額が、その人の心の成熟度合に合っていれば、幸せになることができますし、合っていなければ不幸になってしまうのです。

心が成熟した人はいつも人のことを考え、心を配り、ありがたがり、ねぎらいたがり、自分より相手を優先することができます。ですから、思いもしないお金が入っても、無駄使いをしたり、分不相応なものを買ったり、貯めこんだりしません。臨時収入であるからこそ、大切な仲間とその「ラッキー」を分かち合おうとするものです。すると、仲間に喜ばれ、人間関係はさらに良くなり、絆が強固になるのです。ですから、妬んだり、ねだったりするような人も出てきません。

ところが、心が未熟な人は、まず第一に自分、次も自分です。自分が喜ぶことや自分をねぎらうことばかりを、つい考えます。

宝くじで高額の賞金が当たると、分不相応な高級品から、大して欲しくもないものまで、勢いで買ってしまいます。さらに、こうして一目で生活が変わったことを人に悟られ、妬まれたり、ねだられたりしてしまいます。

自分の周りには、自分に呼応した人が集まるそうです。ですから、心が未熟な人のまわりには、概ね自分が得することばかり考えて、「もらえるものはもらいたい」という人が多いので、妬まれたり、ねだられたりして人間関係も悪くなりがちです。

わたしのところに相談に来られた方で、宝くじに当たった方が3人います。1000万円の方が1人、200万円の方が2人です。

1000万円が当たったのは定年間際のサラリーマンです。お子さんの悩みがきっかけで、ときどき相談に乗らせて頂いているのですが、温厚で夫婦仲もよく、心配りのできる方です。ちょっといいことがあると、とてもありがたがってくださる方です。この方は1000万円のうち、少しは貯金したと思いますが、自分の大切な人たちにおすそ分けをしていたようです。ですから、宝くじが当たっても、不幸になることはありませんでした。それから7〜8年経ちますが、その時よりも、はるかに今の方が幸せそうにしています。

後の2人は、どちらもご商売をされていた方ですが、全額自分のことに使ったそうです。奇しくも、2人とも数年後に会社が倒産してしまいました。

お金は手にする人によって、いろんな役割を演じるのですね。いろんな方を見ていてそう思います。

Truth of the Money

お金を手にするまでより、
手にしてからのお金の使い方が、
これからのお金との関係を決めてしまうのです。

7

値切った分だけお金は出ていく？

ホント

この世の中は、「したことがされる」(自分が他人にしたことは、やがて自分にかえってくる)という法則で成り立っています。それは、したことと全く同じことがかえってくるのではなく、厳密にいうと「相手に味わわせたのと同じ気持ちが、自分にかえってくる」のです。

値切って相手を「がっかりさせた」なら、自分もいつかあてにしていたお金が入ってこなかったり、予定外のお金が出ていったりして「がっかりさせられる」のです。

Mさんは、友人と念願の温泉旅行を楽しんでいました。露天風呂に入るため、着替えと小さなバッグに化粧ポーチとお財布を入れ、持っていきました。ゆったりと外の景色を見ながら湯船につかり、しあわせなひと時を過ごしていました。

お風呂から上がり、着替えをしようとしたときです。お財布がないことに気がつきました。お風呂に入っている間に盗まれていたのです。Mさんは、それまでのしあわせな気持ちが吹っ飛び、がっかり、悲しい気持ちになりました。

Mさんは、よりにもよって、こんなことになったのは、罰でも当たったのだろうか……と落ち込んでいました。
神さまに聞いてみると、彼女は旅行の前にアンティークの家具を購入していました。そのときに値切ったのが原因だとおっしゃったのです。
Mさんに聞いてみると、安くしてもらった金額は、盗まれた金額とほぼ同額だったのです。

出すべきお金を出さないときか、受け取るべきでないお金を受け取ったときに、思いがけない出費がありますが、値切ることも同様なのです。

忘れた頃に出ていってしまうのですね。
気をつけなくてはいけませんね。

Truth of the Money

値切った金額が、忘れたころに出ていきます。

⑧ 体の調子が悪くなり始めたら、お金が不足するサイン？

↓

ホント

お金は、感謝の気持ちが薄くなり、不平不満が心の中を大きく占めるようになったり、とてもお世話になった人への恩を忘れたり、覚えているつもりでいても恩がえしを怠っていれば、その人から離れはじめるそうです。

その**前兆の一つが、体のだるさ、疲れです。体がだるい、疲れがとれないときは、近々お金に困ることになるか、すでに困っているとき。**そんなときは、感謝の気持ちが薄くなっていないか、恩をかえす気持ちが薄れていないか、よく考えてみるチャンスです。

心と体は繋がっています。そして、**お金の使い方や受け取り方は、その人の人柄そのもの**なのです。人柄が善い悪いということではありません。あなた自身の考え方や、癖に呼応したお金の使い方をしているものなのです。

たとえば、人の誘いや依頼を断れない人は、余計なお金や時間が出ていきがちです。ですから、お金が不足する傾向があります。断りたいけど断れないというとき、心の中で葛藤がありますから、からだの調子がどうしても悪くなりがちです。

世間では「あの人、お人好しだからね」とか、「人情が厚いからね」という人もいますが、それで片づけていたら、その人は一生断れない人のまま、いつもお金が不足しがちのままになります。なぜ断れないのかを理解し、改善していく必要があるのです。

「断れない人」とは、①気が弱く、相手と気まずくなることに不安に感じる人②安請け合いしてしまう人③仕切りたくて、手柄をあげたくて断れない人、のどれかです。自分がどのパターンに入るのかをよく考えてみましょう。

気が弱いタイプの人は**「断って気まずくなる関係なら、続けない方がいい」**と考えましょう。やりたくないことをきちんと断れるようになると、くよくよすることも減り、お金が不足することも少なくなってきます。

安請け合いタイプ、仕切りたがりタイプの人は、生き方や心の癖を改善してください。断りたいときは断って、自分が気持ちよく手伝えることをすれば、心も体もすっきりし、余計なお金が出ていかなくなります。

ただ、それとは別に、**鼻の中がやたらと切れたり、すい臓が弱ったりするのは、神さまからのサイン**です。お金に関することで、神さまが気に入らないことを、何か考えていなかったか思いかえしてみましょう。的を射た反省ができると、症状は改善されてくるはずです。

よくわたしのところに相談に来られる方に、「最近鼻の中が切れて、ひりひりする。あまりにひどいのでどうしてなのか」と悩まれている方がいらっしゃいました。

彼は、会社員で営業の仕事をしており、会社から貸与された車でお客様のところを回っていました。自宅から会社までは車で30分、往復で1時間。

神さまに聞いてみると、彼はランチ代の節約と休憩のために、毎日お昼に自宅へ戻り、母親に食事を作ってもらっていたのです。会社からすれば、時間とガソリン代を無駄にされたようなものです。その**考え方と行いに、神さまから注意を受けたのです。**

「自分の都合ばかり考えて、人（会社）に損をさせても平気という考え方をして

いると、仕事運も金運も落ちてしまいますよ」ということでした。

神さまからのサインをいただいても、特に「思い当たらない」という方は、意外と多いのです。自分でも気づかずに、運を落としているのです。

体のどこかが不調な場合などは、感謝の気持ち、謙虚な気持ち、恩をかえす気持ちが薄れていないか、もう一度思いかえしてみましょう。

感謝の気持ちが厚くなり、心の不平不満が減ってくれれば、体が軽くなり、お金の流れもいい方向に変わってくるはずです。

Truth of the Money

心と体は繋がっています。

⑨ 投資や賭け事でお金を増やすことはよくない？

↓

ウソ

そもそも、**投資をしてもいい人と、いけない人がいます。**

それは、**自分の責任でリスクを取れる人かどうか（損をしても、誰の迷惑にもならないかどうか）の違いです。** ですから、投資するお金は、自分自身のお金であるということが前提になります。

投資というものは、基本的に常にリスクを伴うものです。投資したお金がなくなってしまうことも十分あり得ます。ですから、仮に元本がなくなったとしても、それでもまだ、十分に資金があり、誰にも迷惑をかけることのない人だけが参戦できるゲーム、それが投資だと神さまはおっしゃいます。

投資したお金が減ったり、なくなったりすることで、**自分自身や家族の生活を脅かしたり、迷惑をかける可能性のある人が参戦すると、その心に対して金運が落ちる**のだそうです。

賭け事についても、同じことがいえます。賭け事でお金を増やそうが、減らそうが、誰にも迷惑がかからず、合法であれば、何の問題もありません。

ただ、賭け事によって手元のお金がゼロになるというリスクを忘れてしまうと、取り返しのつかないことになります。リスクを考えずに一獲千金を夢見て、投資や賭け事のために、人からお金を借りたり、生活資金をつぎ込んで、躍起《やっき》になってはいけないようです。

賭け事というのは、基本的に勝率は半分です。勝つか負けるかしかありません。勝ち続けるということはないのだと理解して、一時の遊びとして捉えて楽しむと、ひょっとしたら、少し残るかもしれませんね。

多くの収入を得て、十分な蓄えもある人が、余ったお金を投資に回す。その心の余裕が、さらにお金を生むことになるのだそうです。

Truth of the Money

投資はお金に余裕のある人だけが参戦できるゲームです。

10

30代前半までに貯金をすると、成功はない？

ホント

30代前半までは、インプットのために自己投資をする時期です。

本を読み、映画を観て、友人と夢を語り、話題のスポットや海外に行く時代。この時期にどれだけ、自分の中に新しく、有用な情報を取り込んだかで、40代からの人生が大きく変わるのだそうです。

貯金というのは、内に向いている作業です。人間の体も40歳を過ぎたころから、基礎代謝が落ち、脂肪を貯め込みやすくなります。それまでは、代謝が活発なので、たくさん食べても脂肪はそんなに貯まりません。

お金も一緒で、40歳を過ぎたころから、本格的に貯めることを考えればいいのだそうです。

30代前半までの少ない収入で、貯金をするのは、自分をがんじがらめにして、外の世界との接触を断つことになります。この、**いい時期に多くを吸収することで、自分の人生を豊かにするための、レバレッジ（てこ）を効かせることになる**のです。目や耳から入ってきた情報が自分の元々持っている価値観や感性によって咀嚼《そしゃく》され、人の考え方は、時間とともに醸成されていきます。

じゃがいもと、玉ねぎと、牛肉に、お砂糖だけが入るのか、みりんもお醬油も入るのかで、でき上がる料理のお味が変わるように、何を自分の中に取り込むかで、自分の人生の味わいも大きく変わってくるのです。

ただ、30代前半までに貯金をするよりも、もっと「よしたほうがいいですよ」といいたいのが、計画性のない借金です。

留学したい、マンションを購入したいなどのように、**ヴィジョンがあってしっかりとしたところから借りるお金なら、いつかあなたにとっての貯金に変わる**でしょう。でも、収入に見合わない派手な生き方をしたくて、無計画に借金をすると、大抵はそのまま壮年期に突入します。借金癖は一度つくと、なかなか抜けられず、中毒化します。貯金するより、何倍も成功する確率は減ってきます。

そうやって、30代前半までにいろんな人と関わり、トレンドを意識して、新しいものにアンテナを張り、仲間と食事や飲みに行って、忙しく楽しく時間を過ごしていた人たちは、考え方や感じ方に奥行きが出てきます。自分の感性や価値観だけにとらわれず、世の中にはさまざまな人、考え方、世界があるというのをよく理解しています。

ところが、貯金に必死になっていると、損か得かで物事を考える癖がつきがちです。自分の生き方、考え方など、同じ価値観か、異なる価値観かしかないという考え方をしてしまうため、人づきあいが極端になり、仲が良いか、悪いかの二つのパターンの人間関係で生きている人が多いと神さまはおっしゃいます。

20〜30代前半に貯金をするなとはいいませんが、それよりも、もっと自分をブラッシュアップさせることに時間やお金を使う方が、楽しく人生を過ごせるきっかけをつかめるように思います。

Truth of the Money

30代前半までは、自分のためにお金を使いましょう。

11

たくさんの借金を抱えた場合には自己破産したほうがいい？

ホントでもあり

ウソでもある

残念ながら、ショッピングやギャンブルによって、若いうちから多額の借金を背負ってしまう人は意外と多いのです。あまりに多額の借金を抱えた場合、自己破産せずにもう一度幸せな人生を送れる方は、300人に1人もいないかもしれません。

自己破産しない場合、自分にその返済能力がなければ、頼れるのは親だけです。他人に迷惑をかけることは許されません。でも、かえせるあてもない場合、さらに借金を重ねると坂を転がり落ちるような人生になってしまいます。

もちろん、親にも迷惑をかけないのが、本当は一番いいのです。しかし、親は子どもが不幸になることを、何があっても阻止しようと思うものですし、そのために自分が犠牲になることを厭《いと》わないものです。ですから、もし、自己破産しないで借金を返済するときは、頼るのは親しかないのです。

ただ、残念なことに、わたしが20年余りいろんな方の相談に乗っていえることは、自分の借金を誰かにかえしてもらった人は、よほど心を入れ替えない限り、じきにまた借金をするということ。自分が痛い思いをしていないからです。

ですから、一度は自己破産を免れても心を入れ替えなければ、同じことを繰りかえしてしまいます。心がけが肝心なのです。


会社経営に失敗し、自己破産しようとする方も、考え方次第では、道が開くことがあります。**心機一転し、ここで仕切りなおして、ご迷惑をかけた方たちにどうにかしておかえしをしようと強く思った人が、お金を稼ぐことができる**のです。

逆に、自分が楽になりたいからという理由で自己破産した場合、一生お金に苦しむことになります。

後者に対しての前者の割合は、5%くらいだと思います。もし、残念ながら、これから自己破産をする人、既にしている人は「迷惑をかけた人におかえしをしたい」という強い気持ちを持つことをお勧めします。

それ以外に、今後の人生が花開く方法はないと神さまはおっしゃいます。


わたしが結婚する前に、短い間でしたが勤めた会社がありました。バブル景気を背景に、リクルートに続こうと立ち上がった就職情報誌を作る会社でした。

社長は弱冠30歳。今でいうＩＴ長者のような人で、外装の訪問販売で成功し、十数年の間に巨額の資金を得て、全く畑違いの業界へ参入しました。

その社長は、人材採用のため、お金の力でいろんな大学の教授と会食をし、学生に口利きをお願いしていました。しかし、湯水のごとくお金を使い、あっという間に資金が足りなくなりました。

そして、ほんの数カ月後にいろんな人に迷惑をかけ、会社を解散しました。

それから、20年近くたったころ、その社長の新しい会社の株式が上場されていることを日経新聞の記事で知りました。しかし、半年くらい経ったころでしょうか、株価が下がり始め、会社は倒産したのです。20年かけて誰もが知っているビルに本社オフィスを構え、せっかく成功できても、これまでに迷惑をかけた人、お世話になった人へ恩がえしをしないから失敗するのですと、神さまはおっしゃいました。やはり、心を入れ替えなければ、また全てを失ってしまうのですね。

神さまは、こうやって、お告げで教えてくださったことを、現実の出来事で、わたしに体験させながら、世の中の仕組みを教えてくださるのです。

お金は、方法論だけでは、豊かであり続けることはできません。その人の考え方に起因するのです。人生の中で成功体験をしていい思いをし、でもほんの数十年しか続かずに、急転直下で落ちていき、ぎりぎりでみじめな生活を余儀なくさせられる。それなら、成功体験はなくても、ずっと地味に暮らしている方がよっぽど幸せだと神さまはおっしゃいます。

お金の苦しみからの再起を図るのなら、迷惑をかけた方たちに、少しでも早く、多く借金をかえそうと考えることが重要です。そうすれば、お金の流れを呼び込むことができるのだそうです。

Truth of the Money

お金のどん底から這い上がるには、作った借金をかえすことが一番の近道。

12 マイホームのためにローン(借金)を組むのは悪いこと?

ウソ

お金を借りることそのものは、悪いことではありません。お金に限らず何であっても、向き合い方、関わり方でいいことにも悪いことにもなります。

どういう理由で誰にお金を借りるかによるのです。

ヴィジョンと計画があり、そのお金を借りて必要なものを手に入れることで、自分や自分以外の誰かを喜ばせることのできる借金は、自分の力量に応じていれば、むしろいいことです。お金を借りなければ前進できないことは、世の中にたくさんあるのです。

ただ、良くないのは、ヴィジョンも計画性もない一獲千金を狙うためや、収入以上の贅沢をしたいがための借金です。これは、身も心もズタズタになります。

マイホームを建てたり、自分が温めてきた仕事で起業したりするときの借金は、お金を借りることでできることの幅が広がり、生きがいも増え、人生に色を添えてくれるはずです。

Truth of the Money

借金は、ときに大きな成功へ導いてくれます。

第2章
お金に関する習慣のウソ・ホント

Truth of the Money

I

お金の話は
できるだけしないほうがいい？

ウソ

そもそも、お金とは何でしょうか？

お金とは、地球上の生き物の中で、人間だけに与えられた道具です。奪わなくても、威嚇《いかく》しなくても、殺さなくても、欲しいものを得ることができる道具。いわゆる「文化」です。そして、受け手、使い手によって、その姿が七変化する特殊な文化でもあります。お金自体に性質や、善や悪はなく、手にする人によって、どうにでも性格づけられるものなのだそうです。

お金のことを人前で堂々と話題にする人は、お金が好きで、お金からも好かれている人が多いそうです。お金は、自由を手に入れる最も有効な手段であり、人の役に立ち喜ばせることができます。そして、自分の仕事に対するフィードバックでもあり、とてもありがたい存在です。お金が好きな人、お金に好かれる人は、お金のさまざまな可能性を知っているので、稼ぐことに意欲的なのです。

人前でお金を話題にするのは行儀が悪いと思っている人は、お金を悪く思っていて、お金からも嫌われている人が多いそうなのです。そして、お金のことでよく悩みます。

また、**お金を受け取ることに抵抗があり過ぎても、無さ過ぎてもよくない**のです。それは、どちらも、他人にお金を包むという習慣が、あまりない人だからです。ですから、「お金は人を喜ばすことができるもの」「ありがたいもの」という感覚も薄いのです。

人からお金を受け取ることに、あまり抵抗がなく、その分どこかでおかえしをする人は、**「お金はありがたく、たくさん持つことによって、みんなをハッピーにできるもの」**という感覚を持っていますから、お金の話が大好きです。

愛する家族や恋人の話をするように、楽しくお金の話をします。お金といい関係を築いている証かもしれませんね。

Truth of the Money

お金の話が好きな人は、お金からも好かれる人。

② 日本でチップを渡すことは失礼にあたる?

↓

ウソ

日本においても、チップを渡すことは良い行為です。むしろ、**上質なサービスを提供してくれるところで、チップを渡さないことの方が失礼にあたります。**

老舗旅館では仲居さんに、レストランではサービスマンに渡します。グローバルな世の中になったから欧米のように……、という意味ではありません。**日本でも、そういった習慣は富裕層の間で根づいている**のです。鳩居堂《きゆうきよどう》（和文具の老舗）はじめ、どこの文房具屋に行っても、心付けを渡す「ポチ袋」はたくさん販売されています。つまり、それほど需要があり、そういったチップ（心付け）を渡す人は、多いということです。

そういう習慣がない人が、「失礼なこと」と勝手な解釈をしているだけなのです。

わたしは、ちょっとした、喫茶店や、さっと済ますレストランは別にして、**家族や大事な友人やお客様とゆっくり食事を楽しむようなお店は、お料理の善し悪しだけでなく、そのお店の方がどんな方かで決めています。**

そういうお店は、とてもいいサービスを提供してくださるのです。特別なことをしてくださいますし、心配りも行き届いていますから、帰り際に心付けをお渡しするようにしています。そういうお店の方は、心付けを頂くことに慣れていますから、自然に受け取ってくださいます。

海外に行けば、チップは当たり前です。こんなにもチップの文化が広く根づいているのは、**「お金とは、人を喜ばすために使うもの」という、普遍の法則がある証拠**だと思います。

ですから、日本では請求はされませんが、「満足のしるし」「お礼のしるし」として、昔から気持ちのある人がそっとお渡しすることになっているのです。ですから、**「請求されないお金」＝「払わなくてもいいお金」**を出す人が、より多くのお金を手にしているのだそうです。

Truth of the Money

特別なおもてなしには、特別なおかえしを。

③

お金に余裕があるように振る舞うと、お金が入ってくる?

↓

ホントでもあり

ウソでもある

お金をたくさん持っているように振る舞うのにも、人によって2つのタイプがあります。

1つ目のタイプは、自分を大きく見せたくて、虚勢や見栄を張り、そのように振る舞うタイプです。

2つ目のタイプは、お金なんてまたどこかから入ってくるさ、とお金に振り回されたり、固執したりしない人が、そんなにお金もないのに、人に余計な気を使わせないため振る舞うタイプです。

前者の場合、その振る舞いによってお金の入りがよくなることはないそうです。それどころか、見栄を張ることによって、断れなかったり、引っ込みがつかなくなったりで余計なお金が出ていくことが多くなります。

ですから、そういうタイプの場合は、むしろ損をするのです。

けれど、後者のタイプは、お金に縛られず余裕があるように振る舞うので、一緒にいる人たちが何の気使いや心配もなく、気持ちよく過ごせ、ステキなおもてなしができます。人を喜ばせている人のところにお金はやってくるのですから、そういう意味での振る舞いは、**結局お金の入りをよくするのです。**

お金がなさそうにしている人と一緒にいるときと、お金に余裕があるようにしている人と一緒のときは、何かを選択するときの心の自由度が全く違うのです。

人の心を自由にしてあげるのも、お金に好かれる極意のひとつなのです。

Truth of the Money

お金は「ある」と思っている人のところにも、よく集まってくるのです。

④ お札は金額の大きいほうから順に揃えて、財布に入れるほうがいい？

↓

ホント

人もお金も、自分を大切に、丁寧に扱ってくれる人が好きです。
だから、**お金に愛される人は、お金を丁寧に扱います。**

お財布の中が、コンビニやスタバのレシートで膨らんでいたり、お札も一万円札、五千円札、千円札の区別もなく、ぐちゃぐちゃに入れているような人は、お金からも好かれない傾向にあります。

お札をきれいに揃えるだけで、お金が入ってくるということはありませんが、**お金を大切に扱う意識を持つことが、お金に好かれ、お金持ちになるきっかけの一つとなりやすい**と、神さまはおっしゃいます。

Truth of the Money

人もお金もモノも大切にしましょう。
そうすると、あなたも人やお金やモノに恵まれます。

⑤ 黄色の財布・長財布を使うとお金が貯まる、赤い財布を使うとお金が出ていく？

ウソ

黄色のお財布を使うとお金が貯まるというのも、春にお財布を買うと「張る財布」、つまりお金でパンパンになるというのも、秋に買うと「空き財布」といって、お財布がスッカスカになるというのも、**残念ながら単なる迷信や語呂合わせです。**長財布がいいというのも、根拠がありません。

わたしは、どんなバッグにも収まるように、ここ15年は二つ折りのお財布を使っています。ただ、**お金は、「人間が好きなこと、好きなもの」を好みますから、きれいなもの、清潔なものが好き**なのです。あまり薄い色のお財布だと汚れが目立ってしまいますから、色も汚れの目立たないものがベターです。

家にお金をしまっておく場合は、頻繁に使うものではないので、薄い色のお財布でもいいのですが、できたら、**どんな不意の出費にも対応できるように、新札をしまっておくのがいい**と思います。

Truth of the Money

お財布は色や、時期で選ぶのではなくて、
気に入ったものを選ぶのが一番いいのです。

⑥

上手くいっているときの行いで入ってくるお金が変わる？

ホント

上手くいったり、願いが叶った後の行いが、その人の本当の心を現すのだそうです。これは、お金や仕事運に限ったことではありません。人生全般にいえることです。

仕事がないとき、お金がないときは、多くの人が「仕事が上手くいったら、お金がたくさんあったら、こうする、ああする」と思ったり、いったりするものです。しかし、お金ができると、自分が喜ぶことは催促されなくても、いの一番にやってしまうのに、誰かに対してのことになると、お金がたくさん入ってきても、他の理由をつけて先延ばしにしてしまう人がいます。

その一方で、まだお金がそんなに入っていないのに、入ってきそうだとわかったらすぐに、自分のことではなく、「お金があったらこうしてあげよう」と思っていた、他人に対することを、先に実行する人もいます。

このどちらのタイプになるかによって、今後良い状態が続くか、ここがピークで、これから下降線をたどるのかが決まってくるのだそうです。

なぜかというと、神さまは、その人のいったことを素直にそのまま受け取ります。

そして、それを前提に次に起こる出来事を作ります。この場合、「お金が入ったら、人のためにこんなことをします」といえば、「なんていい心がけ。それなら、そうできるように早くしてあげましょう」とそんな流れを作ってくださいます。

しかし、それを裏切れば、「あなたも裏切ってほしいのね」と判断し、誰かに裏切られたり、考えていたことと違う結果が出てきます。

ですから、願いがかなった後、驕《おご》ることなく謙虚な気持ち、いまの自分にしてくれた周りの人に感謝する気持ちを持ち、約束を果たせる人が、いい状態を保ちつつ、さらに飛躍することができるのです。

証券会社に勤めるT子さんは、短大を出て営業として入社しました。

地道な努力を重ねることによって、次第に、課長、部長と着実に昇進してきました。

部下を持っていないときは、自分自身の成績がすべての結果でしたから、自分の努力で、ある程度の数字は作れました。しかし、部下を持つ立場になると、今度はチーム全体の成績が自分の成績になります。T子さんは、部下の数字を思うように上げることができず、どうすればいいのかと悩んでいました。

神さまは「チーム全体の数字を伸ばすには、メンバーの気持ちが一つになり、同じ目標に向かってそれぞれが『達成させる』という強い気持ちで臨むことが大切なのです。ですから、リーダーは数字が達成したときに、メンバーの達成感に花を添えてあげることが大事なんですよ」とおっしゃいました。

それは、リーダーとして、メンバーに対するねぎらいでもあり、感謝でもあるのです。リーダーがねぎらい感謝するからこそ、メンバーは、また心をひとつにしてがんばろうという気持ちになるのです。

技術や知識だけでは、いい仕事はできませんし、目標を達成できるとも限りません。

心の持ちようが、その要因の大部分を占めるのです。

まずは、**仕事が上手くいったとき、それを支えてくれた人たちに、言葉だけで**

なく感謝の気持ちを形で示しましょう。

T子さんは、その後もめきめき営業成績をあげ、いまは、支店長に昇格し、2LDKの新築マンションも購入しました。あとは、一緒に住めるパートナーを見つけることが次の目標です。

仕事がバリバリできるから、プライベートでは、ちょっとスキがあるくらいがいいかもしれませんね。

Truth of the Money

物事が上手くいった後の行動が、
これから先の人生を決めるのです。

⑦ トラブルをお金で解決するのはよくない？

↓

ウソ

ここでいうトラブルというのは、双方の見解に喰い違いがあって、相容れない状態のトラブルのことをいいます。

こういったトラブルを解決しようとするとき、人が間に入ったり、お金という道具が謝罪や和解の道具に使われたりすることがよくあります。

ところが、お金が解決のための道具ではなく、トラブルの元であることは結構多いものです。そして、双方が意地を張って「損をしたくない」「なるべくお金を払いたくない」という気持ちを、少し俯瞰《ふかん》してみたときに「まあ、いいか。ここでお金を払って解決するなら」と、お金を出せることで解決するトラブルは、案外多いものなのです

誤解をされないようにいいますと、お金で問題を解決するという意味ではありません。そこに双方の気持ちの整理や反省や和解などがあって、はじめてトラブルというのは解決するものですから。

ただ、お金さえ出せば済むトラブルを、お金を出したくないばかりに、ずっと引きずるくらいなら、お金を出して、さっさと解決した方が、気持ちもすっきりしますし、運が落ちることに歯止めがかかりますよ、ということをいいたいのです。

トラブルを抱えているときは、体も疲れやすいのと、お金が出ていきやすくなるのです。ですから、トラブルを抱えたら、多少損してもなるべく早く、すっきり解決した方がいいのです。

Truth of the Money

損したくないために揉める人は損をして、揉めたくないために損する人が得をします。

第3章
お金に関する考え方のウソ・ホント

Truth of the Money

I

臨時収入を得るコツがある？

ホント

臨時収入というと、みなさん宝くじが当たるとか、儲け話が舞い込むとか、そんなことをイメージするのではないでしょうか。

ここでいう、臨時収入とは、現金が手元に入ることだけに限らず、買うつもりでいたものが値下がりしたり、頂いたりといったことも含まれます。これは必要なものを、お金を出して手に入れたか、お金を出さずに手に入れたかの違いですから、お金が入ってきたのと計算上は同じなのです。

ですから、「サラリーマンなので、臨時収入は望めません」とはならないのです。

たとえば、お米がちょうど切れたときに頂いたとか、コーヒーカップを買うつもりでいたら、お呼ばれした結婚披露宴の引き出物にコーヒーカップをいただいた、といった些細なことから、購入を検討していた土地が値下がりしたなどです。

こういったことを何度も経験する人の生き方には、ある共通点があります。

それは、

「おごってもらうより、おごってあげるのが好き」

「人のお金だからといって、気が大きくならない」

この2点です。

日頃、こういうお金の使い方をしていると、神さまからのご褒美といわんばかりにいいことがあるのです。そして、かえってくるご褒美は、やはりお金であることが多いのです。

わたしの友人に、大切な人のためにたくさんのお金をとても気持ちよく使う人がいます。

もちろん、おごってもらうより、おごってあげるのが好きな人です。お礼やプレゼントを頻繁にしているのです。

今年、その友人の息子さんが、ある大学の推薦試験を受けましたが、不合格でした。そして、一般試験で合格したのですが、大学から授業料が半額になるというお知らせがあったそうです。一般試験の成績が1位の学生は授業料全額免除、2位の人が半額免除なのだそうです。理系の大学で授業料がかなり高い学部です。

もし、推薦で合格していたら、そんなことはなかったでしょう。

これも、日頃の彼女のお金との向き合い方、特にお金の使い方がよかったから起こったことなのです。

神さまから教えていただいたことから考えても、このことは当然の出来事だと思いました。

しかし、多くの人は、**悲願が叶うと息をつき、急に敬虔《けいけん》な気持ちが薄れてしまうものです。**

ところがその後も、彼女は「さらに気を引き締めて頑張らなきゃ」と、謙虚に、感謝の気持ちも厚く、いろんな方に心配りをしていました。

すると、息子さんが入学式を終えたあと、大学から「首席の方が入学を辞退したので、繰り上げで首席になりました。授業料は半額免除ではなく、全額免除になります」と連絡があったそうです。

頭の中で計算ばかりして、損をしないように、お金を出さないで済むものは、できるだけ出さないようにしている人には、こんなご褒美はないのです。

パートに出て、年間80万円を稼いで、子どもが浪人するよりも、学校の役員を気持ちよく引き受けて１００万円かかる予備校代を支払わずに済む方が、よっぽどお得なのです。

臨時収入を得るコツは、**損得で物事を判断する考え方をやめて、みんなにとってどれが一番いいことかで決める**ことです。

Truth of the Money

おごってあげるのが好きな人に、臨時収入はやってきます。

②
ずる賢いことをしなければ、お金持ちにはなれない？

大ウソ

まず、お金持ちには「お金持ちであり続ける人」と「いずれお金を失ってしまう人」がいます。

お金持ちになるには、お金から好かれることが、一番大切です。そして、継続的にお金持ちで居続けるには、お金を自分のためではなく、人の役に立つこと、人を喜ばせること、癒すことなどに使うことがとっても大切なのです。

そして、お金を大切にし、お金に敬意を表し、お金に感謝することも必要です。

ずる賢いことをしても、一時的に人の欲求を満たせば、お金が入ってくることがあります。儲け話で詐欺をしたら、一時的に相手に夢を見させ、希望を与えるかりそめの喜びを与えるからです。そうやって、お金を稼いだとしても、やがて真実が露呈し、その相手は嘆き、悲しみ、怒ることになります。すると、稼いだお金は無くなるばかりでなく、嘆きや悲しみや怒りなどのマイナスの感情をお金と一緒に受け取るので、お金以外の悲惨な状況を招くことにもなるのです。

お金は、人の役に立ち続けなければ逃げていきます。

ですから、ずる賢いことをしなければ、お金持ちになれないというのは、大ウソです。

Truth of the Money

ずる賢く稼いだお金は、不幸と一緒にやってきて、手元のお金を連れて行きます。

3

お金に対して不誠実なことをすれば必ず罰が当たる？

ホント

この世に神さまがいるという証としての、「他人にしたことが、自分にもされる」という世の中の法則は、必ず実行されるものです。

たとえば、誰かを傷つければ、いつか自分も傷つけられ、誰かを騙せば、必ず自分も騙されます。お金に関してずる賢いことをすれば、いずれ、自分自身にお金に関する理不尽な出来事が起こります。

そして、これもお金に限ったことではありませんが、悪質なことほど、罰はすぐに当たらず、忘れたころにそのしっぺがえしがくるのです。

自分でお金を出して食事に行くときには、一杯しか飲まないウーロン茶を、人の奢りだと何杯も飲むような人も同じですね。

お金の使い方には、その人の人柄が如実に出ます。

生き方が誠実な人は、お金の使い方、受け取り方も、至って誠実です。生き方が不誠実な人は、お金の使い方、受け取り方もとても不誠実なのです。

数年前、子どもの学校行事のため、子どもとその友人と親御さん、みんなで車に乗りあい、他校に出かけたことが数回ありました。

みんなが順番に車を出していたのですが、その中に、一度も車も駐車場代も出さないお母さんがいました。駐車代を払うときには、必ず理由をつけていなくなり、清算が終わった後に戻ってきて、他の話を始めるのです。

ご主人も名の通った企業に勤めていますし、生活に困っているようには思えませんでした。

でもたとえ、困っているからその数百円を惜しんでいたのなら、もっとお金に困ることになるのです。困ってないのに、ずるい気持ちでそんなことをすれば、真綿で首を絞めつけられるような、お金の苦しみを味わうことになるのに……。

そう思いながらいつもその様子を見ていました。

その後、その方のご家庭では、**独り暮らしを始めた長男が、たった1年で多額の借金を作ったことが発覚**し、現在弁護士さんに相談しているということでした。

お金との向き合い方を変えて、何かに気づけばいいのですが、**お金に対して不誠実な考え方のままでは、一度解決した問題も、また、繰りかえしてしまう**のです。

神さまがいるからこそ、不誠実なことをしていると、理不尽に感じるようなことが降りかかってくるのです。

身についてしまった、自分では「これくらい、いいか」と思ってしまうような「不誠実なお金の使い方」には、すぐに罰が当たらず、じわじわと人生の長い期間にわたってお金に苦しめられることになります。

逆に、意識的に行った悪いことには、じわじわ型でなく、事件型でかえってきます。

大学生から20代にかけて、水商売をしていた友人が数人います。

水商売自体は悪いことではないのですが、彼女達はお客さんとして知り合った人と、不倫関係になり、お金の援助をしてもらっていました。

その頃は人も羨む生活をしていましたが、現在は、みんなお金に困っています。

怠けるわけでもなく、きちんと仕事をしているのですが、いろんなことが重なり、全員が苦しい生活をしているのです。
彼女たちを見るたびに、その時に、どんなに良くても、お金に対して不誠実な心でいると、お金から嫌われるのだなと思わずにはいられません。

Truth of the Money

お金は、不誠実な人が嫌いです。

④ 富を求めず、清く正しく在る「清貧」が美しい生き方？

ウソ

辞書で引くと、清貧とは、「富を求めず、正しい行いをして、貧しいこと」「私欲を捨てて、行いが正しいために、貧しく質素であること」とあります。それは、それで素晴らしいことかもしれませんが、わたしはそう在りたくはないですし、神さまもそういう生き方が一番いいともおっしゃいません。

貧しさとは、もちろん、醜いものでも恥ずかしいものでもありませんが、人が本音で望んでいることではないと思いますし、決して美しいとはいえないからです。「清く貧しく」よりも、「清く豊か」であることが美しいと神さまもおっしゃいますし、そうなれる考え方、生き方を教えて下さいます。

豊かである方が、美しく、楽しく、人間関係も円滑になってみんなが幸せなのです。

清貧が美しいといわれたのは、戦中戦後の日本中が貧しい時に、貧しくても清《せい》廉《れん》で、潔癖に生きることで、人々に誇りを持たせるために考えられた生き方であって、いまの時代にはそぐいませんし、それでは、やる気も失せてきますよね。

清く豊かな生き方が、より美しいのです。

ただ問題は「何をして豊かであるのか」です。人の喜ぶこと以外で、豊かになった人は、人が喜ぶことのためには、お金を使わず、自分のことばかりにお金を使います。それは、「醜《みにく》くて豊かな生き方」といえます。

「清く豊かな生き方」がステキです。清くお金を稼いで、(清く稼ぐとは、人の問題を解消して、喜ばせ、癒し、役に立つことなどで収入を得ることです)稼いだお金を、自分のことだけでなく、また人を喜ばせたり、感動させたり、癒したりすることに使う。そんな生き方が一番美しいのです。

豊かな生活の中に、豊かな心が宿りやすいのです。

貧しくても、豊かな心の人はいますが、そういう人が豊かな生活になると、更に豊かな心になるのです。なぜなら、貧しさとは、心や行動に制限をつけるものだからです。

「豊かさ」とは、心と体が健やかで、自由なことをいいます。

お金は、心や体を自由にしてくれるのに、大いに役に立つのです。それは、お金がないという理由で制限されたり、あきらめたりしなければいけないことを、ぐっと減らしてくれるからです。

Truth of the Money

「清く貧しく」より「清く豊かに」が美しい。

5

自分の話が長い人は思いがけずお金が出ていく？

↓

ホント

お金も時間も、自分のために使うのは嬉しい。でも、人のために使うのは、なんだか少しつまらなくて、惜しい。

そういった意味で、**神さまはお金と時間は同じ括り**とおっしゃいます。

命には限りがあり、自分の持っている時間は、限られたかけがえのないものです。

ですから、**相手から時間を奪うことを軽く考え、平気で人の時間を奪っていると、自分のお金を何らかの形で奪われることになる**のです。

お金に関することでずるいことをすれば、自分がお金のことで泣く目に遭います。そして、お金でしたことはお金でかえってくるだけでなく、時間でかえってくることがあるのです。

その逆もまた同じです。

時間に遅れる人も、人の予定を狂わせ、時間を奪っている人です。

たまたま、アクシデントが起こり、いつも時間を守っている人が一度や二度、時間に遅れたからといって、不意の出費はありませんが、時間にルーズな人は、だいたいお金にもルーズな傾向があり、そして、人を待たせるように、自分もお金を待たなければなりません。

「入金予定のものがなかなか入らない。お金が足りない」と感じるときは、お金と時間の使い方両面から、自分の振る舞いを見直してみてください。

時間の使い方を間違えると、お金でその結果がかえってくることがあるのです。

百貨店で8坪のテナントを借りて、雑貨のお店を経営している方が相談に来られました。

百貨店の担当者が、11か月間、家賃の計算間違いをしており、55万円を追加して払うようにいわれたそうです。急に55万円といわれても、そんな大金はないと、困っていらっしゃいました。

この方に、神さまはこうおっしゃいました。

「月々にすれば少額でも、貯まればこのような大きな金額になります。時間もそうなのですよ。あなたは**軽い気持ちで誰かの時間を奪っていませんか？**　あなたにとっては、ほんの5分10分でも、聞きたくもない話を聞かされる相手にとっては、長く苦痛に感じるものなのです。**人の時間を自分の都合で使っていると、思いがけないときに、予定外のお金が出ていくことになる**のです。ですから、お金の流れをスムーズにしたいのなら、他人の時間を自分の都合で使わないことですよね」

彼女は思い当ったようで、「嬉しいことや、悔しいことなどがあると、誰かに聞いてほしくて5分だけでいいからと、ついつい話し込んでしまいます。でも、神さまってすごいですね。その通りです。わかりました。気をつけます」といって、納得されて帰っていきました。

友達とお茶をしながら、交互に話すような場合はいいのですが、**相手が聞きたくもない話を聞かせることは、大切な時間を奪うことになる**のです。

すると、最終的には、自分のお金を失うことになりますから要注意ですね。

Truth of the Money

時間とお金は同じ括りです。
人の大切な時間を奪うと、
自分の大切なお金を奪われます。

6

苦労しなければ、お金は手に入らない？

ホントでもウソでもない

苦労しなくても、お金が手に入ることはあります。

以前、相談に来られた方のお話です。若く、非常に美しい彼女は、街角でスカウトされ、モデルになりました。仕事のオファーはどんどん増え、テレビにも出るようになりました。高校生だった彼女は、仕事をしたことはなく、タレントになったとたん、急に売れっ子になりました。連日、大の大人が彼女に頭を下げて仕事を頼みに来ました。たくさんの依頼が入るので、すべてを受けることはできず、だんだん仕事を選ぶようになりました。

彼女は周囲からの評判が悪く、二十歳を過ぎた頃から急激に仕事が減りはじめました。

誰かのためにお茶を入れたり、荷物を持ったり、片づけや整理をしたりするような、ごく簡単な下積みもすることがありませんでしたし、自分から頭を下げることのないところからスタートしたことも一因です。

そして、さらに3年が過ぎた頃、それまでと変わらず、同じような振る舞いで仕事をしていた彼女には、全く仕事が来なくなりました。

はじめは、時代が彼女を引き上げてくれました。しかし、旬を過ぎれば、同じくらいの人気の人に仕事を頼む場合、生意気な子よりも、謙虚で可愛げのある子が選ばれるようになったのです。

人が一通り味わう「下積み」を経験しなければ、一時的にお金が入ってくることはあっても、入り続けることはかなり難しくなってきます。

どんな仕事にも、ビギナーズラックのようなものがあります。

営業職であれば、はじめのうちは次々に契約が取れたり、クリエーターであれば、すぐに作品を認められたり……。

これを、自分の実力だと勘違いして、仕事を甘く見たり、先輩に教えてもらおうとする気持ちを持たなかったりすると、そのあとが続かないのです。

仕事を覚えて伸びていく年齢のときに、停滞してしまうことにもなりかねません。

わたしは、26歳で結婚し、同時に主人が自動車販売店を始めました。少ない手元資金でやりくりをしていましたから、生活に余裕はありませんでした。築20年くらいのビルの1階で13坪のテナントを借りて、その中に車を1台か2台展示していました。欧州車を専門に扱っていましたので、仕入れ金額は大きく、自分たちのお給料ももらえたり、もらえなかったりと、資金繰りも大変でした。ですから、普通なら、外注に出すような仕事も二人でやりました。

二人とも夢を持っていましたから、もうだめだと思いたくなるような状況になっても、前を向いて、きっと打破できると信じて仕事をしていました。神さまの教えを守っていれば必ず上手くいくと信じていたので、些細なことで落ち込んだり、心配したりしないでやってこられました。そのお陰で、4年後に店舗と自宅を購入することができ、順調に会社も大きくなっていきました。

現在、自動車販売店をはじめて23年、わたしが人のご相談に乗りはじめて21年がたちました。

この間に、ホップ、ステップ、ジャンプがあるとすれば、ホップしたのは、夫婦二人でがむしゃらに頑張り、4年後に自宅と店舗を購入できたときだと思います。

そして、ステップできたのは、わたしが本を出したり、各地に講演に行ったりするようになって、そこで多くの方々に支えられて、この喜びや感動を支えてくれたみんなと分かち合いたいと思い、時間やお金をそちらにも使うようになったことがきっかけだったと思います。

神さまは、**「大きく飛躍するためのチャンスを得るには、がむしゃらになって何かに取り組まなくてはならない」**とおっしゃいます。わたしは、それを苦労とは思いませんでしたが、一般的にはそれを苦労というのかもしれません。

しかし、がむしゃらに働くだけ、努力をするだけでは、きっと、最初のチャンス、「ホップ」で終わっていたと思います。

働くことで得られるものを楽しみながら、その喜びや感動を人と分かち合うことで、スケールも質も違ってくると思うのです。

「努力をしないと、安定的な収入は得られない。かといって、それだけでも多くの収入は得られない」とも、神さまはおっしゃいます。

「苦労」というのも、実に概念的で、同じことを経験しても、「苦労した」という人もあれば、「いい勉強をした」という人もあります。

ですから、「苦労」ではなく「努力」をしないと、お金を手にすることはできないといえるでしょう。

Truth of the Money

努力をしないと安定して多くの収入は得られません。かといって、努力をしているだけでは、得られないのです。

⑦

好きなことを仕事にするなら、多くの収入は諦めなくてはいけない？

↓

ウソ

好きなことを趣味にしている人と、仕事にしている人の違いはなんでしょうか。それは、前者は自分の満足のためにしており、後者は多くの人からの共感を得て、何らかの役に立つためにしているということです。

自分の好きなことを仕事にして、より多くの人の共感を得れば得るほど、お金もたくさん得ることになります。好きなことでお金を多く得たということは、それだけ人の心を掴んだという証です。好きな仕事であれば、それをいろんな人に知ってほしい、解ってほしい、感じてほしいと思う気持ちは、好きでない仕事よりも強いはずですから、結果的に多くのお金を得るのが自然の流れなのです。

ただ、好きな仕事で、多くのお金を得るというところまで到達するには、才能も必要でしょうが、**誰にも負けない努力が必要です**。そして、誰にも負けない努力を進んで、喜んでできるのは、好きなことだからです。好きなことであれば、努力が苦になりません。それどころか楽しいので、さらに上達し、人々を惹きつけ、そのフィードバックで大きな報酬を得られるのです。

どんな仕事をしていても、自分の仕事によってどれだけの人を喜ばせたか、どれだけのひとの役に立ったか、その総体が収入なのです。

ですから、好きなことでないと、努力したり、知恵を絞ったりができないので、むしろ、好きなことを仕事にした方が、大きなお金を手にする確率はぐっとあがるのです。

きっと、イチロー選手は野球が好きで、辻井伸行《つじいのぶゆき》氏はピアノが好きで、宮崎《みやざき》駿《はやお》氏はアニメが好きだったのだと思います。

Truth of the Money

好きな仕事で多くの人の共感を得られたら、多くの収入も得られるのです。

8 志のない仕事では、生活する分しか稼げない？

ホント

その人の収入の量は、人の役に立った度合いで決まります。

数式でいうと**「その人の収入＝役に立った人の数×人の役に立った度合い」**です。

たとえば、売れっ子の俳優や歌手、スポーツ選手は多くの人を癒したり、勇気を与えたり、感動させたり、役に立った人の数がすごく多いので、収入も増えます。ハリウッドの俳優や、国際的に売れているシンガーも対象が世界ですから、役に立つ対象の人数がぐっと増えます。すると、自ずと収入の桁も日本人俳優やシンガーとは一つ変わってきます。

人の役に立つ度合いは、どんな人が大きいかというと、自分の仕事が好きで、誇りを持ち、自分の仕事が誰かの役に立っている、誰かを喜ばせているということに生きがいを持ち、嬉々として仕事をしている人です。

そういう働き方でないと、人が喜ぶようなアイデアも浮かびませんし、喜ぶこともできません。

生活のためだけに仕事をしていれば、そこに、工夫や必死さもなくなり、人を喜ばせたり、役に立つ相手もそんなに増えることはありませんから、仕事というより作業になってしまいます。

時間をお金に換えるような、知恵も絞らず、工夫もせず、ただ機械的に仕事をしている「作業」だと、人が働ける時間には限界がありますから、収入にも限界を作ってしまうことになるのです。

Truth of the Money

時間をお金に変える作業より、知恵をお金に変える仕事を。

9

給与の高さで仕事を選んではいけない？

ホント

男性に限っていうと、仕事というのは、一生するものです。

ほんの数年間だけするものであれば、そういう考え方もありかもしれませんが、今の高齢化社会では、仕事は70歳くらいまではやりたいものですよね。となると、70歳くらいまで働こうと思えば、50年近く仕事をしなければなりません。50年間仕事を続けるとなると、やはり好きな仕事が一番です。好きなことは、誰に勧められなくても、率先してやりたいと思うものですし、よしなさいと言われても、やめたくないものです。そして、その仕事に打ち込んだり、工夫を重ねたりするものです。

ですから、男性には好きな仕事をしてもらうのが、一番いいのです。

報酬も、年を重ねるごとに仕事が熟練しなければ、上がりません。年を重ねても報酬が上がらなければ、生活も心も豊かになれなくなります。ですから、やはり仕事は目先の賃金でなく、好きかどうかで選ぶのが、自分にとって幸せであり、結局は一番多くの収入を得ることにつながってくるのです。

そして、好きな仕事に従事してきた人は、定年を迎えた後もその後の仕事の声がかかりやすいのです。それは、きっと好きな仕事だから、いきいきと働き、結局はいい仕事をしていたからでしょう。

賃金の高い仕事というのは、特別な資格能力が求められる、難易度の高い仕事か、危険か、きついか、なり手が少ないかの、いずれかです。よほどの覚悟か相当の体力がないと長く続けることはできません。

大人の男が、楽しみながら、ときに苦しみながら50年の歳月従事できるには、やはり「好きなこと」「興味があること」「得意であること」これが大切です。賃金の高さで仕事を選ぶのは、刹那的かもしれませんね。

女性は、同じような仕事内容で、賃金が異なる場合、それが高い方を選んだからといって、結果的にそれで多くのお給料をもらえるとは限りません。

いざ、入社してみると、条件が違ったり、仕事が過酷だったりします。収入は、不思議とその人の実力に相応するようにできていますから、就職、転職を考えるときは、賃金の高さで選ぶより、職場の雰囲気や、通勤時間、労働時間や少しでもストレスのかからない、長く続けられる方を選ぶことが、結果的に安定して多くの収入を得ることができる近道といえるようです。

Truth of the Money

好きな仕事を選ぶか、いまの仕事を好きになるか、
それが成功の近道です。

10

大金は人を変えてしまうので、お金を多く持つことを望んではいけない？

↓

ウソ

お金が人を変えてしまうのは、お金の額が原因とは限りません。

たとえば、仲の良かった兄弟も、相続がきっかけで揉め、仲が悪くなることもあります。事業を共同経営して、借財《しゃくざい》を抱えたとき、それまで仲の良かったビジネスパートナーとの関係がこじれることもよくあります。

神さまがおっしゃるには、**お金の額が、人を変えてしまうのではなくて、欲の皮が突っ張ったとき、つまり、他人は損をしたとしても、自分は損をしたくない、もらえるものは少しでも多くもらいたいと思ったときに、その欲が人を変えてしまう**ことが多いのだそうです。


世の中を見渡しても、ユニクロの柳井《やない》正《ただし》氏、ソフトバンクの孫正義《そんまさよし》氏、アップルのスティーブ・ジョブス氏などは、お金を多く持つことによって、さらに世の中に貢献していることがわかります。

お金は、**その人の心の器に合った金額でないと、取扱いができなくなる**のです。心が未熟な人、つまり努力を怠り、子供のように、誰かから何かをしてもらいたいばかりの人は、お金をたくさん持っても、自分のことばかりに使い、人の喜ぶこと、助けることには使いません。

そういう人が心の器以上のお金を持つと、ろくなことにはならないと神さまから教わりました。

誰にも負けないような努力をし、心が成熟した大人、つまり、人を思い、気を配り、人を喜ばすこと、助けることにお金を使い、自分にご褒美を与えるように、仲間にもご褒美を分け与える。そんな人こそが、お金を多く持つことを強く望むべきだとわたしは思います。

そうすれば、それに呼応するかのように、お金も入ってくるのです。

お金を多く持ちたいのなら、持てるような心に磨いていくことが重要です。

お金に執着し、物事の判断を損か得かで考えているうちは、多くのお金を手にし続けることはできない。

これが真実です。

Truth of the Money

人のために使えるお金が増えるほど、
収入も増えるのです。

第4章
しあわせなお金持ちになるために

Truth of the Money

I 短気であったり、人を嫌な気持ちにさせたりしません

お金にも心があると前にも書きましたよね。
つまり、**お金も人の好き嫌いがある**のです。

それは、人の気持ちとよく似ています。**「お金が嫌う人」とは、人が「こんな人と一緒にいてもおもしろくないな、嫌だな」と思う人**なのです。その一番は、**怒りっぽい人、そして一緒にいる人を嫌な気持ちにさせる人**なのです。

怒りっぽい人とは、ただぷんぷん怒ってばかりいる人だけでなく、些細なことで「すぐ傷つく」人も同じです。

傷つくというと聞こえはいいですが、やはり腹が立つときですから、些細なことで傷つく人も、周りの人は大変気を遣い、どっぷり疲れてしまいます。

人が**「疲れるから、一緒にいたくない」と思うような人は、だいたいお金からも嫌われて逃げられる**ものなのです。

それと、穏やかに、にこやかに話しているけれど、ウソや言い訳が多く、愚痴だったり、悪口だったり、あてつけだったりする人も嫌がられます。
話し方は上品で穏やかであったとしても、言葉自体が人を嫌な気持ちにさせますから、こういう人もお金に嫌われるのです。

ですから、お金に好かれ、お金に寄ってきてもらうためには、**わずかなことで腹を立てたり、傷ついたりせず、人が嫌な気持ちになるようなことをいわない、しない努力をする**ことです。

Truth of the Money

お金を十分手にするための最低条件は、
人から嫌われないこと。

2 一度約束したことは実行しましょう

人は一度、「〜してあげるね」「今度〜に連れて行くよ」といわれると、嬉しくて首を長くして待っているものです。

ところが、それが、口だけだとわかったら、すごくがっかりします。人をがっかりさせる人は、お金からもがっかりされます。

ですから、**自分がお金でがっかりするようなことを呼び込んでしまう**のです。

約束を守るということほど、人からの信用がつくことはありません。

人から信用される人は、お金からも信用されます。お金から信用される人は、結果を出す前に、**頑張ろうと思っただけで、先にお金が入ってくる**ことがあります。

神さまから信用されたから、「神さま銀行」から融資を受けたのです。

実力以上の金運をつけるためには、一度した約束は、必ず実行する、できないい訳をしない、これはとても大切な「お金をつかむ心掛け」なのです。

Truth of the Money

「神さま銀行」の小口融資の基準は、「約束を守る人」。

3

人に損をさせるのが嫌という人になりましょう

誰でもケチな人は、嫌いですよね。神さまも、ケチな人が大嫌いです。

複数で食事に行ったときに、「いま、細かいのがないから、後でね」と言っていつも払わない人。

割り勘にしたときに、少なめに出す人。

こういう人は、お金を多く出したときよりも、少なく出したときのほうが、財布にはたくさん残ると思うのでしょう。しかし、この世には神さまがいらっしゃいます。

そういう人は、思いがけない出費があるか、入るはずのお金が入らなかったり、仕事運や金運が落ちたりして、お金に嫌われるのです。

神さまに、お金の使い方で最も好かれるのは、いつも人より多めに出す人です。

お金に好かれるためには、少々自分が損をしたとしても、人に損をさせたり、バカバカしい思いをさせたりしないよう気をつけること。これで、神さまの心をグッと鷲づかみできるのです。

Truth of the Money

人に損させるのが嫌ならば、じきにお金に恵まれます。

4 自慢話と過度な謙遜はしません

話が面白い人のところには、人が集まってきます。

話がおもしろいというのは、お笑いネタをたくさん持っているとか、人が知らないような話をたくさん知っているとかではありません。

話し相手につまらない思いをさせないことです。

人が最もつまらないと思う話は、自慢話です。

自慢話ほど、聞いていて退屈で、かえす言葉もない話はありません。いっている方は悦に入っていますから、一旦話し出すと長いものです。聞いている方は、だいたいうんざりしていますから、「この場を立ち去りたい」と思うものです。

もうひとつは、**過度な謙遜**です。

心にもない謙遜だとわかるくらい過度なものも、聞いている方はどうしていいかわかりません。

そして、セットであるかのように、自慢話と過度な謙遜をする人は、愚痴や悪口も同じくらい多いものですから、周りの人は辟易《へきえき》としているものです。

つまり、**お金も辟易としている**ということです。

お金に好かれるためには、自慢話と過度な謙遜をやめてみましょう。

自分はすごい、正しい、偉いと思っていて、人にもそう思ってほしい人が自慢話や過度な謙遜をします。そして、人をついつい落としがちになり、愚痴や悪口をいってしまいます。

自慢話をしないように気をつけるだけで、過度な謙遜、悪口、愚痴は無くなるはずです。人から褒められても家族に話すくらいがちょうどいいのです。

Truth of the Money

人がつまらないと思う話は、人やお金を遠ざけます。

5

お金がある人に甘えません

お金をたくさん持っている人や、臨時収入があった人に対して、つい「おごってくれて当たり前」と思ったり、仕事上「あちらは、お金があるから、これくらい(お金を)頂いてもいいんじゃないか」「値引きしなくてもいいんじゃないか」と思ったりしてしまう人がいます。

悪質な場合には、お金があるからと多めに請求する人もいます。それがそもそも大間違い。

お金をたくさん持っている人の多くは、お金に好かれている人です。

そういう人は、人の心配りに敏感です。そして、心配りのあるサービスに慣れています。

お金がある人ほど、気づかないふりをしていますが、相手のずるく、ケチな気持ちに敏感なのです。その時は黙って払いますが、次からは、そういう人とは付き合いたがらないし、そういうお店には行かないのです。

相手にお金があるからといって、**欲張った気持ちで「自分は出したくない」「出**

さなくていいのだ」という考えでいると、お金持ちにもお金からも見放されることになるのです。

ですから、お金をたくさん持っている人からもらってもいいのは、「生きざまの教え」と心得ましょう。

Truth of the Money

お金がある人が、払って当たり前だと思うから、「お金持ちはケチ」だと勘違いしてしまうのです。

⑥ してもらうより、してあげるのが好きな人になりましょう

これは、お金持ちに共通の生き方です。

もし、**お金持ちなのに、そうでないとしたら、そのうちお金に困るようになるそうです。**

使うことが上手になればなるほど、さらにお金が入ってきます。


お金の使い方が上手というのはどんなことでしょう。

それは、**他人を喜ばせることにお金を使う**ということです。

自分や自分の子どものためにしか多くのお金を使わないというのでは、お金ががっかりします。

お金は、**「きっとこの人のところに行けば、人を喜ばせるのに使ってくれるだろう」という人に、期待を込めて寄っていく**のです。


ただ、それには、順番があるのです。

自分を支えてくれたり、応援してくれる身近な人を後回しにして、ボランティアや募金をするのでは、順序が違います。

自分の身近な人から、喜ばせたり、役に立とうとすることが大切なのです。

お金をたくさん持てる究極の考え方は、「してもらうより、してあげるのが好き」ということなのです。

Truth of the Money

「神さま銀行」の大口融資の基準は、「してもらうより、してあげるのが好きな人」。

7

「表さま」ではなく「お陰さま」のありがたさがわかる人になりましょう

人は、直接自分に利益をもたらしてくれる人や、役に立ってくれる、いわゆる「表《おもて》さま」ばかりありがたがります。ところが、そういった恩恵に預かれるように、支えたり、助言したりしてくださった「お陰さま」への感謝を忘れがちです。

誰かの紹介や口利きやその人の知り合いだからという理由で、嬉しいことや有り難いことがあったとします。しかし、結果が出た頃には、その「お陰さま」のことを忘れて、自分が頑張ったから、認められたからと勘違いをしてしまうと、そのうち「お陰さま」がなかったときの状態に引き戻されるのです。

「表さま」よりむしろ、「お陰さま」のほうに感謝をするのが先なのです。

「お陰さま」を大切にする人は、どんどん右肩あがりの人生を歩めるのです。

Truth of the Money

人のお陰がわかるようになると、
人の表面に惑わされなくなります。

8

言葉を選んで使いましょう
～「お金がない」「時間がない」といわない～

「お金がない」も「時間がない」も同じ言葉なのです。使い方によっては、「忙しい」も同じ意味を持っています。

「お金がない」といつも口に出している人が、ホントにお金がない人だとは限りません。「時間がない」を口にしている人が、ホントに時間がないとは限らないのと同じです。

「お金がない」という言葉は、いっている方も、聞いている方も幸せな気分になれる言葉ではありません。

「お金がない」と口にするときは、自分でも悲しい気持ちだったり、悔しい気持ちだったり、残念な気持ちだったりだと思います。しかし、時には断りの文句だったり、おねだりの文句だったりするのです。

聞いているほうは、何ともいいようがなく、「お金を使わせるようなことはできないから、誘うのはよそう」とか、いい情報があっても、「余計なお金がかかったら申し訳ないから、話すのはよしておこう」と思うこともあるはずです。

ですから、「お金がない」といっている人のところにいい情報はこないのです。

いい情報が来ないところに、お金は集まって来ないのです。

「お金がない」という言葉は、自分に必要な情報や誘いを遠ざけてしまい、結果的にお金を遠ざける言葉になるのです。

「貧乏だから」という言葉も、いっているほうも、聞いているほうも嬉しい気持ちになれる言葉ではないですね。豊かに暮らしている人に対して、卑屈に思ったり、何かの誘いを断ったりするときの言葉ですから、これも、いい響きや感情をもたらしてくれる言葉ではありません。

人もお金も、美しいもの、美しい響きが大好きなのです。ですから、心がしゅんとなってしまう言葉は、お金を遠ざけるので使わないようにしましょう。

Truth of the Money

「お金がない」「時間がない」は人を拒絶するサインです。

第5章
お金に影響を与える人間関係の真理

Truth of the Money

I
両親との関係が上手くいっていないとき、仕事の成功はありません

金運、特に仕事運は、恩を忘れたときに著しく落ちやすいのです。

親というのは、恩人の中の恩人です。その親の恩を忘れ、一人で大きくなったように錯覚をして、いい関係を保てていないとすれば、どんな仕事も、ある程度のところまで上手くいっても、「ここぞ」というところで「よりにもよって」ということが起こるのだそうです。

揉めごとを抱えていたり、誰かと不仲の状態が続いているとしたら、多かれ少なかれ、仕事だけでなく、いろんなことに悪影響が出てきます。その相手が恩人となると、更にいいことはありません。

同じ家族でも、兄弟と上手くいっていない人は、親と上手くいっていない人ほど悪影響はでません。なぜなら、上下の関係があったにしても、恩人という関係ではなく、ほぼ横並びの間柄だからです。ただ、兄弟(姉妹)ではあっても、親代わりに面倒を見てくれたなど、特に世話になったのなら、話は別です。

相談に来られる方も、「よりにもよって、そんなことがあるのですね」といいたくなるような憂《う》き目に遭《あ》っている人は、不思議と親との関係が上手くいってないのです。

Truth of the Money

恩を忘れることが、金運を一番大きく落とすのです。

②恋愛・結婚とお金を結びつけてはいけません

学生の頃、誰かを好きになるときは、純粋な気持ちで心惹かれたと思います。ですから、胸がときめくし、好かれたいと思い努力もするので、さらに自分が輝いてくるのです。こうやって、女性はきれいに、男性はたくましくなっていくのです。

でも、歳を重ねるにつれ、いろんな打算を恋愛感情に混ぜ込んでしまう人が増えてきます。「年収がこれくらいはないと」とか「長男はいや」などです。

そんな考えが心をくすませてしまい、自分自身が輝けなくなって、いい出会いを逃してしまうという悪循環にはまってしまうのです。

こんな時代ですから、今、年収がよくても、この先それが保証されているわけではありません。今、稼ぎがない人がこれから先もないとは限りません。どこかでブレイクするかもしれないのです。

お金と恋愛は結びつけない方がいいのです。

主人の会社の開業当初からお世話になっている、顧問税理士の先生は、わたしが神さまとお話しできることを知り、興味を持ってくださいました。

まだ、旦那様がいらっしゃらなかった先生は、良縁をお願いすることになりました。

先生は世間でいう「結婚適齢期」を過ぎていましたが、収入も資産も地位もあり、ビジネスパーソンとして順調でした。そんな、先生の素晴らしいところは、いろんな方に

「誰かいい人がいたら紹介して。優しい人だったらどんな人でもいいから」

といって回っていたところです。

ある程度の収入と地位を手に入れた女性は、適齢期を過ぎていても、求める条件が厳しい人が多いのです。ですから、通常はこのような考え方はしないものです。でも、先生は「わたしをもらってくれる人がいたら、有り難い」と、とても謙虚でした。

そんなある日、久しぶりに会った方から、「紹介したい人がいる」といわれ、出会ったのが今のご主人なのです。同業者で同じ年齢の初婚同士、そして生い立ちも似ていました。まさに、**先生の謙虚な心に対して、神さまが用意してくださ**

った縁としか思えませんでした。

ですから、皆さんにわたしはいつもいっています。

「多くを望めば望むほど、良縁は遠ざかります」

先生ご夫妻は、昨年、結婚10周年を迎えられ、今も幸せそうです。

Truth of the Money

恋愛は計算すると、失敗します。

3 結婚披露宴のご祝儀は、友人や同僚と金額をそろえてはいけません

人のためにお金を使う時は、そのお金に必ず心が乗っていきます。そして、乗って渡った心がまた自分にかえってきます。ですから、お祝いする側も、される側も心に正直な金額を包むのが一番いいのです。

お金や時間を自分のことに使うときは、惜しみなく、楽しく、嬉しい気持ちがするものです。ところが、人のために使うとなると、自分にとって大切な人のためでない限り、惜しくて、もったいなくて、残念な気持ちがするものなのです。ですから、披露宴に招待された場合も、その人に対する気持ちや、自分にとってどれだけ大切な人かによって、お祝いの金額は変わってくるはずです。

金額を一律に決めるのは、格差を無くそうとするためでしょうけれど、格差があっていいのです。お祝いのときに格差を無くそうとするのも、競争心の表れです。誰かが5万円出したのに、自分が3万円では恥ずかしいというのはよくありません。

それと、親分肌、姉御肌の気前のいい人が、他の参列者にもたくさん出させようとして金額を決めるケースもありますが、気が乗らないお金を引っ張り出すのも、お互いにとってよくないのです。

自分の心に正直な金額をそれぞれが包みましょう。

Truth of the Money

お祝いやお悔やみの額は、自分の気持ちに正直に。

④ 貸したお金が戻ってこないときは、あきらめましょう

この世の中の法則は、
「したことがされる」
「神さまの力は、相手と自分との差異に対して動く」
の2点です。

「したことがされる」とは、実際に、相手に「したこと」ではなく、相手に対して「思ったこと」「味わわせたこと」が自分にかえってくるのです。

たとえば、相手にとてもいいことがありました。そのとき、口では「おめでとう」といいながら、心の中では妬《ねた》ましく思っていたとします。そういうときは、口でいった「おめでとう」、つまり、人を「祝福した」ことが、自分にも「祝福される」という形でかえってくるのではありません。心のなかで「妬んだ」ことで、神さまは、あなたが誰かから「妬まれる」という形を作って、おかえしになるのです。

「神さまの力は相手と自分との差異に動く」とは、どういうことでしょうか。

自分が人からしてもらったことよりも、誰かにしてあげたことが多い人は、そこにプラスの差が生じます。

そのプラスの分が、神さまから与えられる「幸運」なのです。

してもらったことよりも、してあげた方が少ない人は、そこにマイナスの差が生じます。そのマイナス分が神さまから与えられる「不運」なのです。


いつも、このことを頭に入れておくと、多少嫌なことがあっても、

「自分も似たようなことを誰かにしたのではないか」

「この世には神さまがいらっしゃるのだから、その分、回りまわって、どこかできっといいことがあるはず」

という考え方ができるようになるのです。


ですから、もし、貸したお金がかえって来なくても、
1）自分は払うべきお金を払わないことがなかったか、もしくは受け取るべきでないお金を受け取っていなかったかをよく考える
2）取りかえそうとしても、ないものはないだろうから、1）のことを反省し

たら、後は、神さまの力が働いて、回りまわってどこかからお金が入ってくると信じ、忘れる

このように、考えてみてください。

忘れたところに、思いがけないお金が入ってくるのです。

Truth of the Money

お金は、出したところからかえってくるとは限りません。

⑤ 自分と同等くらいの収入の人と付き合いましょう

自分を高めるために、自分より格上の人と付き合いなさいという人もいます。

確かにそれも一理ありです。

ここでいう自分より格上の人というのは、自分が尊敬する、実力、立場ともに格が上の人のことです。ですから、自分より格上の人が収入の格差がある人とは限りません。

仮に、**一時的なイベントなら、多少無理をしても、収入の格差があってもご一緒することも大切**だと思います。

ただ、**日常的に収入の格差が大きい人とのお付き合いは、お互いが気疲れする**のです。収入の多い人は、どうしてもいろんな意味で自由度が高く、たくさんの選択肢から物事を選ぶことができます。

一方、収入の低い人は自由度が低く、選択肢も少なく、いろんなことが制約されてしまいます。そして、収入の高い人に気を遣わせたり、収入の低い方は、無理をして自分が辛くなったりします。

そして、やはり、人は収入に応じたサービスを受け、モノに触れていますから、感じ方や生き方に食い違いが生じて、お互いの気持ちを理解するのは、少し厳しい面があります。

年収300万円の人と年収3000万円の人の行くレストランや、身に着けるもの、泊まるホテルには大きな違いがあるはずです。しかし同じような年収の人同士であれば、同じようなレストランやホテルを選び、趣味の違いはあっても、身に着けるもののグレードは同じくらいのもののはずです。

そうすると、ある程度の話は合うということが多くなります。

ただし、**年収の高い人が、年収の低い人のことを気に入って、お金の心配をさせずに誘ってくれるならば、話は別**です。そういう場合は、お互い気を遣ったり、無理が生じたりすることはありません。

ただ、重要なのは、そんな**心をかけてもらった人は、自分がしてもらった分は、生きている間に誰かにおかえしする、**ということが大前提になります。

先ほども書きましたが、してもらったことが多すぎると、後で神さまに清算されることになるからです。

Truth of the Money

打算でなく、好きな人と付き合うのが一番いいのです。

6 頻繁に友人との関係が上手くいかなくなる人は、仕事運がつきません

普段は、友達と上手くいっているのに、一時的に関係が悪いということは、誰にでもある話ですから、そんなことは全く気にしなくていいのですが、**いつも友達の誰かと上手くやれていないという人がいます。それは、要注意です。**

友達と上手くやれない人の特徴は、自分勝手で、自分の意見を通したがるということと、競争心が強くて友達の嬉しい出来事を素直に喜んであげられないということです。

しかし、友達にそうであるということは、職場での人間関係にも、もちろん投影されているはずですから、自分の仕事をよりよく進めるために、協力してくれる仲間があまりいなかったり、足を引っ張る人がいたりして、仕事がスムーズに進んでいない人が多いのです。

どんな仕事も、結局は人間関係に大きく左右されます。

自分に協力してくれる人、助けてくれる人、引き上げてくれる人、そういう人たちがいて仕事は大きくはかどり、結果を生むことができます。

仕事運をつかむためには、ただスキルアップを図り、努力をするだけでは足りません。

「心を磨く」といっても特別なことをするのではなく、**「人と揉めないように仲良くやれる」。つまり、控えめで譲ろうとする気持ちを持つことが大切なのです。**

Truth of the Money

仕事はチームでないと成し得ません。
友だちと上手くやれない人は、
仕事仲間とも上手くやれないのです。

⑦ 会社と喧嘩別れして転職（独立）したら、そのうち必ず失敗します

今までお世話になった会社と揉めたり、義理を欠くような辞め方をして、転職や独立起業をした人は必ず失敗します。

転職・独立するときは、今までいた会社に礼を尽くし、育ててくれたことに感謝をして、同業でも協力し、恩がえしさせていただきたいという気持ちを持つことが、成功を呼び寄せる大切な心がけなのです。その気持ちのない人は、上手くいきません。

会社や上司、同僚との折り合いが悪くて転職する場合は、そのうち転職先で同じような悩みを抱えることになります。なぜかというと、人間関係は自分自身に呼応したもので、自分にふさわしい人が引き寄せられるからです。新しい環境になれば何かが変わるだろうと思っても、変わったのは外的環境だけで、同じような人間関係が待っているのです。そんなときは、**自分の中に人と上手くやっていけない「考え方の因子《いんし》」がある**はずです。

そこを見つける努力をして、変えていくことが、転職を成功させるコツなのです。

フレンチレストランで働いていたM子さんはソムリエの資格を取り、いつかは、家庭的な、ワインのおいしいレストランを持つのが夢でした。もともとは、繊維商社で事務をしていたOLでしたが、知人のツテで今のレストランに入ったのです。最初は、念願のフレンチレストランで働けるだけで、嬉しくて仕方なかったのですが、次第にオーナーのやり方に疑問を感じ、関係がぎくしゃくしていきました。入社して2年。ずいぶんワインのことも料理のこともわかり、自信もついていました。

ある日、ワインの仕入れについてオーナーと話しているとき、ちょっとしたことがきっかけで、口論になりました。かねてから、オーナーに不満があったM子さんは、「今日限りで辞めさせてください」と捨て台詞を吐いて、自分の荷物を持って店を飛び出しました。かねてから誘われていたお店のあてがあったのです。

さっそく、誘われていたお店のオーナーに連絡を取り、翌週から働くことになりました。このお店のシェフは、「ワインについては、君に任せるよ」といってくれて、やりがいもあり、転職してよかったと思う日々が続きました。

しかし、以前のお店では、ホールでのサービスだけが仕事でしたが、今回はお皿洗いから、閉店後の掃除までしなければなりませんでした。就業時間も早朝から深夜までに及び、帰ると化粧も落とさずに寝てしまうような生活が続きました。

休日も、以前はできていた、勉強のための、いろんなお店の食べ歩きも、今ではお昼過ぎまで寝て、家事をするだけで精一杯でした。M子さんは、「いま考えると、前は恵まれていたのだ」と思い始めました。

こうやって不満を募らせ、さらに転職を繰りかえすというのが、一般的なパターンですが、M子さんは、この時、今後の転職の相談に来られたのです。

「義理を欠いて辞めると、こうなってしまうのですよ」という話をした後に、これを繰りかえさないために、「まず、最初のお店のオーナーに心の中で謝ってください。そして、与えられた状況を乗り越えたら、自分のお店が持てると信じてください。転職をせず、お皿洗いも掃除も、将来自分がお店を持ったときのための勉強だと思って、ここで人生の流れを変えてください」と伝えました。

M子さんは、それから3年半その生活を続けました。

心の中から不満な気持ちが消えると、体もそんなに辛くなくなりました。どんな仕事も、自分の将来のお店のためと思うと、嬉しい気持ちでできたのです。

そして、現在、M子さんは10坪ほどの小さなレストランを持つことができました。そのお店を紹介してくれたのは、最初に勤めたレストランのオーナーでした。

M子さんは、**心の中で反省しているうちに、直接謝りたいと思うようになり、**お店を訪ね、お客として通うようになっていたのです。

M子さんは「人生は、心と同じ方向に進むのだ」と思ったそうです。

Truth of the Money

義理を欠くと、同じしっぺがえしがくるのです。

8

上司や経営者に忠実であることが、大きな報酬（成功）を得るための第一歩です

仕事は「倣《なら》って、習《なら》う」が鉄則です。どんな応用も基礎がしっかりしているから成り立つのであって、基礎ができていないところに応用というのはあり得ないのです。

基礎を固めるには、先輩の真似をしながら覚えていく「倣って、習う」を貫くことです。仕事に限らず、習い事でも、真似ることが学びの始まりなのです。だからこそ、しっかりとした基礎がつくのです。

立派で大きな建築物ほど、基礎を地下深くまで掘って築くものです。基礎がしっかりしているから、大きなものを築くことができるのです。

会社員であれば、自分で判断し、自分のやり方で仕事をするには、それができる基礎を身につけていないと、独りよがりで、結果が伴わないということになりかねません。ですから、**権限委譲をされるまでは、上司や経営者の指示に忠実に従うことが、大きく成功し、多くの報酬を得るために大切な心がけ**なのです。

Yさんは大学3年生のとき、新聞社だけに絞って就職活動をしていました。

「どうしても新聞社に入りたい」という強い希望を持っており、神さまからのお言葉に従いたくさんの努力をして、念願だった新聞社に就職が決まりました。

配属されたのは写真部でした。自分で撮った写真に記事を書く業務です。

自分なりに、いろいろと工夫し、会心のショットに記事をつけて、上司にチェックしてもらうのですが、なかなかＯＫがでません。締め切り直前になって、自分が選んだものとは全く違う写真に差し替えられ、真っ赤になるほどの修正が入って、自分が書きたかったものとは異なるものが掲載されるということが続きました。

その頃には、入社式当日から意気投合していた同期生とも、少しずつギクシャクするようになっていきました。

そんなＹさんに、神さまはこうおっしゃいました。

「あなたは、上司のアドバイスを聞かないで、自分の意見ばかり通したでしょう。それが、このような流れを作ってしまったのですよ。部としてのコンセプトがあり、それに沿った記事を部員が気持ちを合わせて作る。それを、あなたの上司は望んでいます。でも、あなたはそれをせず、自分の意見ばかりいっています。上司からすれば、使いにくい部下のはずです。上司も人間ですから、大きなプロジェクトなどがあるときは、素直な部下を抜擢します。その方が、仕事がスムーズに運ぶからです。アウトプットするには、最低3年はかかるものですから、いい仕事ができるようになるまでは、まず、上司の指示に従うことが大切なのです」

Yさんは、「自分の意見を積極的にいう方が、仕事に熱心に取り組んでいる証のように考えていました。上司にも神さまがおっしゃる通り、こういう写真を撮りたい、こういう現場に行きたい、と常にいっていました」そういって、自分の仕事と上司に対する考え方を反省し、改めました。

それからは、上司や部の指示に忠実な写真を撮るように心がけました。しばらくすると、今まではあまり飲みに誘ってくれなかった上司が誘ってくれるようになり、同僚たちとのギクシャクしていた関係もなくなっていきました。

自分がとんがっていたから、そのような人間関係を掴んでしまったということが、Yさんもわかってきたようでした。

それから10年、Yさんは自分が部下を持つ身になって、神さまのおっしゃっていたことがよくわかるそうです。

神さまのアドバイスで、考え方を改めてから、**口には出していなかったのに、自分の望む分野の仕事を任せてもらえるようになりました。**

「考え方しだいで、仕事の運びがこんなに変わるのだ」ということが、はっきりわかったYさん。その後、順調にキャリアを積んでいき、さらに大きなフィールドで自分のやりたい仕事を思い切り楽しんでいます。

Truth of the Money

仕事で勝負をしたいなら、まず仕事のルールを覚えることです。

⑨

遺産は、親を大切にした人がもらったとき、いい結果を出してくれます

遺産をもらうことについてはいろんな考え方があり、ハングリー精力を持って成功へと突き進むなら、裸一貫である方がいいという人もいます。

しかし、それは、相続したものを上手に活用できないという前提ですから、そうであるともいえないはずで、遺産をもらえるとなれば、嬉しく、助かる人も多いはずです。

ただ、実際には、遺産相続で揉めることは、多いものです。ですから、**前もって遺言書を書いておくことをお勧めします。**そうすることによって、揉めごとはぐっと減ってくるからです。

遺産相続でもめない心がけは、**親の面倒を見ていない人が、遺産を欲しがってはいけないということです。**

嫁に出た娘が、親の面倒を看た長男と、遺産を半分ずつ分けようと思ったとしたら、いいことはありません。

その気持ちを、神さまは気に入らないからです。

親は、少しは娘にもあげたいでしょうが、やはり、手をかけ、心をかけてくれた子供に残したいはずです。いくら、心にかけて心配したとはいえ、離れて住んでいる人と、同居している人の苦労は、比較にならないのです。
同居して面倒を看るというのは、そうした人でないと解らない苦労があるのです。せめて、親の面倒を看てくれた御礼に、**自分が相続する分から、面倒を看てくれた兄弟に少し分けるくらいの感謝の気持ちを持てば、お金で買えないような喜びが待っているのです。**

それとは反対に、権利を主張して、親の面倒は看ないで、年に数回のプレゼントや訪問しかしていないのに、法定通りの取り分を主張して受け取れば、お金では解決できないような、悩みや苦しみを抱えることになるのです。
お金以外を相続する場合もあると思いますが、親から引き継いだ、**想いのこもったお金やモノを、感慨《かんがい》なく売ったり換金するような人も、心がありませんから、そうして得たお金は、するするーっとなくなってしまいます。**

相続で得たものを処分してはいけないとはいいませんが、ただ、それを残してくれた親やご先祖様に対して、厚い感謝の気持ちを持つことは、人としてとても大切なことです。

Truth of the Money

遺産をもらったほうがいいかどうかは、もらった人にしかわかりません。

10 金銭感覚は、親に似るものです

性格がおっとりしているとか、せっかちだとか、記憶力がいいとか、運動神経がいい等は、もって生まれたものが大きいのですが、金銭感覚だけは、もって生まれることはありません。これは、**親の金銭感覚、人との接し方が大きく影響するそうです。**

まず、親が交際費について
「今月もまた、結婚式があって、苦しいわ」

「給料日前に急に葬儀がはいって、あと数日どうやってやりくりしようかしら」

「お正月は、あなたの部下たちが家族でくると、子どもたちにお年玉あげないといけないから、一人で来るように、あなたからいってもらえない?」

なんて愚痴をこぼしてばかりいると、それを聞いて育った子供は、

「人にお金をあげること、人のためにお金を使うことって、苦しみなんだ、自分が困ることになるんだ」

と信じ込んでしまい、**人のためにお金を使うことを嫌がったり、避けたり、仮に使っても惜しみながら使う大人に育つそうです。**

「欲しいものはいつでも手に入る」という感覚を身につけた子どもは、モノに執着がありません。お友達にモノを譲らず独り占めにしたがるといったことがないのです。そうして、人に分け与えることができるようになります。

「欲しいものを何でも買ってあげていたら、モノを大切にしない」「お金の大切さの解らない子どもになる」と思う人もいるかもしれませんが、実はそんなことはないのです。逆に、子どもが欲しがるものをあまり買わないという、躾、教育をしていると、子どもは、モノに固執するようになります。

モノを大切にする子どもには育つかもしれませんが、モノに執着する気持ちが強くなると、手放したり、人に分け与えたりすることができなくなるのだそうです。これは、生きていくうえで、特にビジネスで成功するうえで、マイナスになります。

そして、いったん子どものころに染みついた感覚は大人になって変えようとしても、簡単なことではありません。

これは、裕福かそうでないかは関係ありません。親のお金に対する「感覚」です。お金がなくても自分は倹約して、義理を欠かないようにする親と、「貧乏だから仕方ない」とあきらめてしまう親との違いなのです。

裕福で、贅沢な暮らしをしているのに、人には気持ちよくお金を使えない、人への施しや、社会への還元の意識が低い親の元で育てられた子どもは、良くない金銭感覚を持ち、将来お金に苦しめられやすくなるそうです。

親の金銭感覚（自分のことにはお金をたくさん使うのに、他人には使わない）が、子どもの金銭感覚（自分に使うお金と、人に使うお金のバランス）を崩します。

勉強ができても、幸せや成功は保障されませんが、**人に分け与えたり、人を喜ばせることができる人は、幸せになり成功するもの**だと神さまはおっしゃいます。

今まで、20数年いろんな方の相談に乗ってきました。その中で、息子や娘が買い物やギャンブルなど、浪費によって多額の借金をし、慌てて相談に来られる親御さんは年に何人もいます。その方たちは、ほぼ、「子どもが欲しがるものを買い与えなかった」方です。

また、子どもが小さい時から、欲しがるおもちゃやゲームは買ってあげないのに、他の子どもが着ていないようなブランドの洋服やバッグ、小物などを与えていた場合、子どもながらに「自分は周りとは違う」という優越感に浸る感覚が身に着き、社会人になっても、自分の稼ぐ範囲内でやりくりができず、分不相応な贅沢品を身につけたがるようになるのです。そもそも、これは親の勝手で、子どもが欲しがるものを買っていないことと同じです。

子どもの借金の原因はこの二つに集約されるのです。

Truth of the Money

性格の中で、金銭感覚だけは100%後天的なものなのです。

第6章
より豊かになっていくために、今やるべきこと

Truth of the Money

Ⅰ

20代になったあなたへ
～広く浅くインプットを心がける～

20代は、インプットをすべき時です。

自分を作っていくものを、いかに吸収するかの大切な時です。目や耳や口、そして肌から入ってくるいろんな情報を取捨選択し、自分の中に取り入れて、自分の血や肉にしていきます。

再度情報を取り入れることによって、新しくできた血や肉を、きれいで、しなやかで、強く保つのです。映画、小説、ビジネス書、はじめて行く土地、リフレッシュできるホテル、お気に入りのレストラン……。**プライベートで、肩の力を抜き、リラックスした状態で入ってくる情報があなたを作ります。**

ですから、**20代はお金なんて残りません。足りないくらいのはずです。それがいいのです。**

20代のときにお金を持っている人は、人口比にすれば0・1%にも満たないはずです。そんな人は、特殊といえます。

親が何か特別な仕事をしていて、その恩恵に預かっているか、自分で起こした仕事がすぐに当たったか、もしくは、少し危ない仕事をしているかでしょう。

大多数の人は、お金がないのが当たり前なのですから、それを悔んだり、憂いたりする必要は全くありません。

20代でお金を貯めることより、より優れた情報を貯めていく方が、後々の財産になり、40代以降、一流のものに触れようとする好奇心が強くなります。

若い頃から、世の中を見ることや、知らない世界を知ろうとすることより、貯金を優先していては、年を取ったときには、大きく稼ぐことは難しくなります。

お金をたくさん稼ぐようになるために、20代のあなたがすべきことは、**その照準を今に合わせないことが大切です。**

30代後半から、40代に合わせてみましょう。

今は、自分に投資をすること。

20代で貯金することに躍起になっていたら、安定した収入を得ることはできたとしても、大きなお金を掴むことは難しくなってしまいます。

② 30代になったあなたへ
~人生のメンターを見つけ、
より専門的なインプットを心がける~

30代半ばまでは、インプットの時ですが、**後半になると、アウトプットが求められてきます。**

30代になったら、20代で広く浅くインプットした情報や、広く浅く付き合った友達を精査し、**「より専門的に、一つのことを突き詰めてインプット」**し、**「より深く充実した付き合い」**を心がけてください。

そのために、**あなたのメンターを見つけることが重要**です。

そうすることで、**心も知識も体も磨かれ、それに応じた人やモノ、お金があなたのところに巡ってきます。**

ブラッシュアップの時ですから、**「より専門的に、一つのことを突き詰めてインプット」**とは、基本に忠実に覚えてきた仕事に応用を効かせて、自分のカラーを作り、発信(アウトプット)することに備えましょう。

そして、人の役に立つことや喜ぶこと、人が不自由な思いをしていることを解決できるよう、知恵を絞って考えるのです。インプットからアウトプットへの過渡期ということです。**自分の実力が発揮される、果敢に攻める時**なのです。

しかし、「どうしよう。もう30代だけど、今まで全くインプットなんてしてこなかった」というあなた。

心配しないでください。まだ、遅くはありません。

20代よりも大人になった分、経験というインプットがあったはず。それを上手く利用して、**今からインプットすべき情報を精査し、すぐに実行**してください。

ここは、**中身の濃さで穴埋めができます。**

より深い勉強と、精査されたインプットを重ねることによって、これから大きなお金を掴んでいくチャンスを得るはずです。

わたしは、30代の時、家事や育児の合間に、いろんな本を読みました。本であれば、すき間時間にどこでも読めるからです。

本を読むたびに、神さまの教えと同じようなことが書かれているのを見つけ、**「神さまのお告げが正しい」ことを確認できました**し、世界中のさまざまな素晴らしい人の**生き方の最大公約数のようなものが、神さまの教えである**ということを発見しました。

そして、どの本を読んでもその感激に浸っていました。

それは、「わたしに降りたお告げが正しいのだ」という大きな自信を持たせてくれました。相談に乗るうえで大きなステップになり、いまでも、本屋さんに行っては、素晴らしい本を見つけて読んでいます。

③ 40代になったあなたへ ～自分の使えるお金と時間を人のために使う～

40代は、アウトプットの時です。

お金も時間も知恵も人からもらったり、借りたりする時は終わり、すべてアウトプットで生きることが大切です。

よほどのことがない限り、テーブルのインボイスは自分が真っ先に取り、また、みんながデザートを食べているときにそっと支払う。そうでなければ、大きくお金を手にすることはできません。

40代は、人生の勝負の時。

人生に勝ち負けなんてあるの？　という人のために付け加えると、自分が思い描いていた理想の人生を、手にできるかできないかの分かれ目ということです。

20代、30代で貯金ばかりしてきたという人も、いや、自分は自分磨きのために時間もお金も使ってきたという人も、40代になったら、とにかくお金や時間を人のために気持ちよく使える鷹揚《おうよう》さが大切です。

自分の大切な人が喜ぶ顔を想像して、お金や時間を自分や子供のためだけでなく、恩のある方や自分を支えてくれた仲間、後輩のために思い切って使うことから始めましょう。

これができることで、**人からもお金からも一目置かれ、自分のところにお金が集まってくるようになる**のです。

④ 50代になったあなたへ
～自分にとっての大切な人に尽くす～

50代は結果の出る時期です。

自由にできるお金を手にできた人と、できなかった人に別れます。その違いは、20〜40代にかけて上質な情報のインプットを重ね、専門的な知識を蓄えてきたかどうか。

そして、それを応用し、仕事に於いてある程度の実績を残しながら、人のために自分の時間とお金を使ったかどうかです。

50代になった今、もしお金に困っているとしたら、親に対してどんな孝行をしているかを考えてみてください。

親との仲がぎくしゃくしていませんか？　親に十分な金銭的援助をしていますか？

こう伺ってみると、「自分のことで精一杯で、子どもの教育費にもとてもお金がかかり、親にまでお金が回らない」という人が多くいます。

ですが、それは違うのです。

「親には、不自由な、切ない思いをさせないように、お金の心配はさせないようにしよう」と思っている人が、そうできるように稼げるようになるのです。

「お金があったらする」という人は、大抵お金があってもしませんし、それ以前にお金が入らなくなるのだそうです。お金があってもなくても、大事なことにいい訳をせず、優先的にしている人にお金というのは回ってきます。

そして、親の面倒を兄弟にまかせっきりにして、感謝もないような生き方をしていると、お金が足りなくなるうえに、余計なお金が出ていくことになるのです。

親が生きているならば、年老いた親(自分の親と義理の親の両方)のために、工夫して時間とお金を作り、親をねぎらってください。

お金は、恩知らずが一番嫌いです。

親は恩人の中の恩人ですから、それができないとお金から嫌われてしまうのだそうです。

もし、自分の親も、連れ合いの親ももう亡くなってしまった場合は、せめて月に一度はお墓参りをしてください。お墓が遠ければ、命日に親を偲んで、手を合わせて感謝の気持ちを伝えてください。そして、心の中で、生きているときに親孝行できなかったことをよくお詫びしてください。

親を思う気持ちが薄いときは、頑張ってもいい結果が出にくいのです。

50代は親孝行の集大成の時。これができるかできないかで今後が大きく変わります。

自分が赤ちゃんのとき、一人で歩けない、食べられない、トイレもいけないときに、面倒を看てくれたのです。

その気持ちを忘れないで、今度は、親の役に立つことをしてみましょう。

神さまもお金も喜んで、あなたが喜ぶことが起こるはずです。

エピローグ

この本を最後まで、お読みくださりありがとうございました。

本書の中で、あなたにお伝えしたかったのは、わたしが、神さまに20年以上の長きにわたり、教えて頂いた「お金の真理」です。

世の中には、お金に限らず、人間関係においても、健康においても、それぞれに「法則」や「真理」があるということを神さまに教わりました。

「一生懸命努力をしているのに、思うような結果が出ない」
「いろんな人に気を遣っているのに、人間関係がギクシャクする」
「健康に気をつけているのに、体調が思わしくない」

こういったことと同じように、
「お金を貯めようと思っても、なかなか貯まらない」
と感じている人が多いようです。
そんな、ちょっぴり理不尽な気持ちになっているあなたに読んで頂きたくて、
この本を書きました。

お金にも、心があって、好き嫌いがあるのです。

お金が側に近寄りたくなる人、逃げ出したくなる人……。それは、人が思う好き嫌いと同じです。お金も居心地のいい人のところに行きたいし、ずっとその人の側に居たいのだそうです。だから、お金に好かれたかったら、人に好かれるようになる努力が一番手っ取り早いのだそうです。

しかし、お金は、いくらたくさんあっても、そのお金を使って、一緒に喜んだり、楽しんだりできる家族や仲間がいなければ、何の値打ちもありません。だから、家族や仲間と仲良く暮らしながら、お金もたくさん持っている状態がしあわ

せなのだと神さまはおっしゃるのです。

この本には、しあわせで豊かな人生を送るための考え方を書きましたが、特別な人でないとできないことや、苦しいことは書いていません。

ちょっとした気づきを得たり、今までの考え方から少し角度を変えるだけで、そうなれるようなことばかりです。

あなたがやってみようと思うところから、はじめてみてください。きっと、何かが変わるはずです。

この本を出版するにあたって、いろんな方たちの「お陰」がありました。編集者の時奈津子さん、本当にありがとうございました。そして、推薦文を書いてくださった井上裕之先生、ありがとうございます。

20年以上にわたり、わたしに多くのことを教えてくださった、メンターの戸村和男先生に心からの感謝を申し上げます。

そして、この本を読んでくださった読者の皆さま、本当にありがとうございます。

この本を書きあげたいま、わたしの胸は、「感謝」と「嬉しさ」と「感激」でいっぱいです。

あなたがステキな人たちに囲まれて、豊かさと自由を感じながら、ステキな人生を歩んでいかれることを心よりお祈りしています。

井内由佳

井内由佳《いうち・ゆか》

福岡県生まれ。福岡大学商学部卒業後、株式会社リクルートに入社。1989年、神さまからお告げが降りる。91年より、夫が経営する輸入自動車販売会社の取締役を務める傍ら、人々の相談に応じ、神さまのお告げで教わった「しあわせで豊かになれる考え方」を伝えつづけている。訪れる層は、経営者、ビジネスマン、主婦、学生……と幅広く、相談者は延べ1万人以上に及ぶ。福岡、東京で定期的に開催する講演では、毎回満席になるほどの人気を博している。現在、福岡市在住。二男二女の母。著書に『わたし、少しだけ神さまとお話できるんです。』（文屋）、『井内由佳のしあわせスパイラル』（日本文芸社）、『あなたの人生を劇的に変える神さまのお告げ88の言葉』（かんき出版）がある。

- 井内由佳オフィシャルウェブサイト
  http://yuka-i.com/
- 井内由佳のしあわせブログ
  http://ameblo.jp/yukaiuchi/
- 井内由佳のしあわせメルマガ（無料）
  http://yuka-i.com/mailmaga.html

装丁写真
古川耕伍
ヘアメイク
有田 信(メイクランド)
ブックデザイン
鈴木成一デザイン室
巻頭写真
Shutterstock, Inc./Elena Schweitzer/Mila Supinskaya/Fotolia.com/malyugin

Truth of the Money
わたしが神さまから聞いたお金の話をしてもいいですか?

2013年8月28日初版発行
2013年10月4日4刷発行
著者
井内由佳
発行者
野村直克
発行所
総合法令出版株式会社
〒107-0052 東京都港区赤坂1-9-15 日本自転車会館2号館7階
電話03-3584-9821(代) 振替00140-0-69059
印刷・製本
中央精版印刷株式会社

 ISBN978-4-86280-370-2
落丁・乱丁本はお取替えいたします。
総合法令出版ホームページ http://www.horei.com/